广播电视编导专业（电视编辑方向）“十二五”规划教材

电视编导理论与实务

田维钢　马　铨　著

中国传媒大学出版社
·北京·

目 录

第一章　电视编导概论

第一节　电视编导的概念

本章要点

1. 电视编导的概念
2. 电视编导的具体任务
3. 电视编导的素质

开篇首先要明确的一点是，做电视和拍电影、搞艺术不同，电视现在是一个产业，电视编导，特别是某个电视节目的编导，从某种程度上来说就是一个生产电视片的“智力劳动产业工人”。尽管我们也承认，电视片的创作需要创意和艺术，但更需要的是将视频信息内容批量地、快速地采集（采访拍摄）、生产（剪辑制作）、销售（包装播出）。笔者的这一看法在美国同行那里也得到了印证。美国CBS知名编导伊万·克里（Ivan Cury）说，电视编导是一项诠释性的工作，而不是一种创作性的工作。

电视编导是电视行业特有的一项工作和一种职业。它一般是就电视专题片、纪录片、电视专题节目等纪实类电视作品而言的。在我国，就像最初没有电视专题片一样，电视编导也不是一开始就有的，可以说，电视编导是随着电视专题片的产生而产生的。随着电视事业的迅速发展，专题类节目（feature）逐渐与消息类新闻节目（news）区分开来，且具有了自己独特而固定的形态。在这些变化中，电视编导这一名称越来越固定，分工越来越清晰，职责越来越明确，地位也越来越重要。

电视编导在中国的电视事业发展中起着重要的作用。改革开放以来，中国电视事业实现大发展，电视编导的队伍迅速扩大。中国电视编导有多少人，至今仍没有一个具体的统计数字。中国电视取得如此成就，电视编导功不可没。虽然电视与电影一样，属于集体的艺术创造活动，但编导作为主创人员，在电视节目的制作中发挥着在艺术上和质量上把关的重要作用。

一、电视编导的概念

从字面上讲，编是编辑，导是导演，编导也就是“编辑＋导演”。然而在实际工作中并不是先编后导，而应该是先导后编：先执行导演的功能——确定拍摄内容，然后执行编辑的功能——进行后期加工。

电视编导一词通常具有双重含义，既是一个创作环节，又是一项工种名称。创作环节，是指电视编导在做片子的过程中需要负责的构思策划选题、组织采访拍摄、剪辑制作包装等一系列工作；工种，则是指电视编导负责整个电视片的选题、构思、拍摄和编辑制作等工作的人，是电视片创作的主要参与者和领导者，这个人在电视片创作中有着举足轻重的地位。

（一）电视编导是电视片的核心创作者

从产业本质上来说，电视片的生产和衣服、鞋子等具体物质产品的生产有很大的相似性，都是社会化大生产，都讲究高度分工协作。生产一个电视专题片也是如此，涉及和所需要的工种主要有策划、出镜记者、摄像师、录音师、灯光师、剪辑师、制作、撰稿、配音及编导等。如果仔细分析这些工种在做片子时的职责，我们会发现：策划只负责选题或者选题的文案和创意；摄像师、录音师和灯光师负责画面的拍摄、声音的记录；出镜记者负责在镜头前搜集事实和人物采访；撰稿和配音相对简单一些，撰稿负责写好解说词文稿，配音负责把文稿用有声语言播读出来形成音频，用以后期和画面的配合；剪辑师和制作负责画面的组接、声画的配合，还有后期的调色、调音及包装等。对于一个电视片来说，以上这些都是电视片创作和生产的一部分工作，而编导则负责整个片子创作和生产的全部过程和全部工作。如果把电视片的创作团队比作一个交响乐团的话，那么编导就相当于乐团的指挥。编导主要的工作就是要拿出片子的思路想法，然后和各个工种沟通，之后策划、出镜记者、摄像师、录音师、灯光师、剪辑师、制作、撰稿、配音在不同的阶段来实现编导对片子的想法。电视片编导担当总合成工作，对节目素材进行再加工，使节目得以最终成形。

当然，由于经费和条件的限制，一个片子的创作分工可能没有那么细致，有可能去掉或者合并省略掉哪一项工种，但不论细微与否，做片子的这些环节都是需要的。省略哪项工种，那么这项工种的具体工作就得由编导来做。没有摄像，编导就自己当摄像；没有出镜记者，编导就自己举话筒采访；没有撰稿和配音，编导就只能自己写稿配音；没有剪辑师，编导就需要自己动手来剪。一般来说，对于一个专题电视片的创作团队来说，通常不会省略到就剩编导一个人。因为就像水平再高的指挥不可能独自一人完成一场音乐会的演奏一样，一个创作团队如果真的只省略至编导一个人，那么编导就会忙于应付采访、拍摄、剪辑等具体工作，而无法从整体上关照一个节目，况且，个人的水平再高，一般也不会超过团队的智慧。因此，即便电视创作团队的配置比较简单，也需要有编导、摄像两个工种。电视编导是电视片创作集体的核心，更是专业方面的总设计、总指挥，其日常工作是要从现实生活中选取有价值的题材进行策划、采访、制定拍摄提纲、组织拍摄、编辑制作，并对最后的作品进行把关检查的系统性创作活动。

（二）电视编导是电视片创作团队的组织者和管理者

在节目组中，制片人相当于管理着若干个节目生产组长的大组长，而节目的编导就是一个个节目生产小组的小组长。节目的制片人主要是对整个节目的资金、人员进行管理，一般不参与创作，但是有监督和审查权，且可以决定片子的“生死”，即播还是不播往往由制片人说了算。节目的编导主要负责一期节目的生产，在这期节目的生产周期内，编导负责组织和管理创作团队内部的各个组员，包括策划、出镜记者、摄像师、录音师、灯光师、剪辑师、制作、撰稿、配音等，编导是这个生产小组的灵魂人物和领导人物。

也就是说，电视编导不光要负责节目创作过程中的业务，还要负责整个节目创作团队的组织和管理。在有些摄制组，节目的选题被交给编导后，编导就要负责在台内外寻找合适的人来组建一个团队，形成一个由若干工种相互配合的创作小组。小组成员按照不同的职位分工对这期节目的编导负责，编导再对节目制片人负责。这期节目播出后，这个团队有可能就解散，等有了新的选题之后，编导再根据选题的具体要求寻找新的策划、出镜记者、摄像师、录音师、灯光师、剪辑师、制作、撰稿、配音等。当然,也有的生产小组经过几次合作,彼此磨合、沟通得比较好,就有可能形成相对固定的编导团队。相对固定的编导团队,不仅有利于形成良性的运作,而且有利于生产出好的电视节目。

(三)电视编导是电视片的制片人

电视编导作为一个节目生产团队的小组长,不光要负责业务、管理人员,还要管理这一期节目的经费。其实,电视编导就是一期期电视片的制片人。在美国和英国,电视编导就被叫作电视制作人或电视制片人(TV Director 或者 TV Producer)。在制播分离、电视节目市场化程度非常高的情况下,电视编导在拍摄前要想办法融资,在拍摄过程中要合理地管理、使用经费,片子制作完成之后,还要负责把节目销售出去。目前,我们国家正在进行制播分离的改革,电视节目制作正在深入走向市场。

在题材上,电视节目编导所做的节目会涉及社会生活的各个方面;在体裁上,有可能是新闻、纪录片、专题甚至晚会。而编导在人事上,不仅要领导好自己的摄制组,还要和社会各个方面打交道;在经济上,常常要自己理财,不仅要会花钱,还得会筹集钱和回收钱。编导的电视节目,不仅要讲求内容的时效性,也要讲求速度与效益,绝不能给播出"开天窗",否则经济效益就无从谈起。

(四)电视编导是电视片的"把关人"

电视片编导必须通过对题材的确定、构思、拍摄以及对素材的选择、加工,把好的内容组合成优秀的电视片奉献给观众。在这一过程中,电视编导承担了原创和将其电视化的任务,起着创作、把关与中介的重要作用。电视片编导扮演着"把关人"的重要角色,在决定节目质量方面起着举足轻重的作用。

在一个节目创作团队内部,只有编导这个职务贯穿节目生产的始终,对节目有总体的把握。正如任何节目的成功都可以归因于节目编导的水平高一样,与之对应,任何节目的失败必然是由编导来承担百分之百责任的。可以说,策划、出镜记者、摄像师、录音师、灯光师、剪辑师、制作、撰稿、配音都只是一个电视片的主创,但编导则是主创中的主创。

"把关"的含义是极为广泛的,它包括把事实关、文字关和形式关三个方面。

事实关，主要指电视片编导要遵循客观、真实的原则。比如在电视新闻专题片中，编导就是通过对新闻事实进行选择和组合等来完成对电视新闻专题报道的。

文字关，要求编导对旁白（文字稿、报道词、解说词）等进行认真润色、删改，做到文从字顺、通俗易懂，以便增强节目的易受性，提高节目的质量。

形式关，要求电视编导以自己的审美情趣及修养不断完善节目的传播样式，提高节目的可鉴赏性，进而创造出精品。

编导把关的最高境界就是媒体履行社会责任。媒体不是煽动社会的热情，而是把光照向黑暗之处；媒体也不是把善强加于人，而应该对事苛刻、对人宽容。

总之，电视编导既是电视节目的主创者，又是把关人，在很大程度上决定着一个节目的播出质量和水平。

相近概念区分

电视编导与电影导演的区别

导演是戏剧、电影等艺术创造工作中的一种职务，具体职责是根据剧本进行艺术构思、拟订艺术处理方案和导演计划、组织和指导排练或拍摄。导演工作的目的是经过演员和有关人员的创作实践，把剧本的内容体现在具体的舞台和银幕形象上，以达到预定的演出目的。

电视编导有双重含义，一方面是电视纪实作品最主要的创作核心工作，另一方面指一个工种。具体是指从现实生活中选取有价值的题材进行策划、采访、制定拍摄提纲、组织拍摄及编辑制作，最后对作品进行把关检查的系统性创作活动；也指从事这项工作的人。

电视编导与电影导演的区别

从艺术创作的角度上讲，电视编导的创作具有双重性——既是作品的原创，又是对所选内容（题材）的表达，即将其电视化；导演的作品并非原创，而是把剧本的内容进行电影化、视听化呈现。这决定了电视编导的创作活动必须贯穿作品创作全过程。

从工作情景角度上讲，电视编导要为社会现实、政治形势等时事服务，有些为“遵命”之作，少有艺术个性；电影导演强调艺术创造，充分体现艺术个性。

从组织形式上讲，电视编导必须是作品内容的创作者，决定作品的主题、主导思想、内涵及深度，这种统领比电影导演更为全面、彻底。

从工作状况上讲，电影导演与电视编导在工作范围、可控程度、对客观条件的依赖程度上有诸多不同。首先，在工作范围上，电影导演比电视编导更单纯，因为电影导演只需潜心于艺术创作，解决艺术创作范畴内的问题即可，其他有关事项由制片人等专人分管，各司其职；而电视编导要兼任制片等多项工作，除了艺术创作外，还要与社会打交道，事无巨细，都要亲自管。其次，在可控程度上，电影导演有很强的可控性，因而工作紧张程度相对不高。电视编导因其创作的纪实性质，在创作（拍摄）中不可控性很大，表现在两点：第一，纪实类作品表现（拍摄）的内容是正在发展变化的现实生活，在创作（拍摄）中，随着事件的发展和对事物的了解程度，创作方向、主题甚至题材都有可能改变，而且这些有时候需要及时定夺，因而电视编导往往处在高度紧张的创作状态之中；第二，纪实作品的被拍摄对象等可控性较差。最后，在对客观条件的依赖程度上，电影导演在拍摄中对客观条件依赖性不强，电视编导在纪实作品的拍摄中对客观条件则有很大的依赖性。

从时间要求上讲，电影的拍摄制作周期一般比较长，在完成时间上有一定的宽容度。而电视作品大多有固定播出的时间，制作周期较短，时间要求严格。

从制作经费上讲，电影导演有一定的经费保障，一般不需要考虑资金问题。而电视编导的经费有定额，经常十分紧张，有时还要设法筹集资金。

电视节目编导与电视节目编辑的区别

电视节目编导既用以指电视节目最主要、最核心的创作工作，又用以指做这项工作的人。

编辑一方面是定稿付印前的重要环节，指新闻出版机构的组织、审读、编选、加工整理稿件（作品或资料）等工作，另一方面又可以指从事编辑工作的人员。

显然，电视编辑主要是指后期的工作，是电视节目播出前的最后一道工序，即电视节目后期制作。这项工作包括把原始的素材镜头编辑成电视节目所必需的全部过程，如撰写文字稿本、整理素材镜头、画面声音剪辑（包含使用特技）、配合语言文稿录音、叠加屏幕文字和图形、编配音响效果和音乐、审查与修改，以及最后把素材镜头组合编辑成播出带等。

电视节目编辑不是电视节目的原创者。电视节目编导的工作性质与电视节目编辑有明显的区别，其创作属于原创，而不是加工、完善；所涉及的工作环节更多，工作量和工作范围等都远比电视节目编辑大，可以说，电视节目编辑只是电视节目编导的某一环节。

二、电视编导的具体任务

电视编导工作是电视传播工作的一个重要组成部分，必须服从于电视台的根本任务。不过，作为一个独立的工种，电视节目编导还担负着特定的任务，在整个节目制作过程中发挥着不可替代的重要作用。

电视节目编导必须通过对题材的确定、构思、拍摄以及对素材的选择、加工，才能把好的内容组合成优秀的电视节目奉献给受众。在这一过程中，电视节目编导承担了原创和将其电视化的任务，起着创作、把关与中介的重要作用。电视节目编导承担总合成的工作，对节目素材进行再加工，从而使节目得以最终成形。其日常工作是要从现实生活中选取有价值的题材进行策划、采访、制定拍摄提纲、组织拍摄、编辑制作，并对最后的作品进行把关和检查的系统性创作活动。

（一）创作前期的任务

电视编导是一部电视片的灵魂人物。他的工作任务贯穿于电视片创作的始终，既包括前期的工作，也包括后期的工作。

电视编导在前期的工作包括三项基本内容：

1. 寻找选题

选题解决的是拍什么的问题。题材选择正确是电视片成功的一半，编导必须要能结合自身节目定位发现选题。选择选题主要基于四点：第一，时代要求；第二，观众兴趣；第三，本节目的经济技术条件；第四，节目定位、对象和节目的基调。

2. 构思、确定拍摄方案

选题解决的是拍什么的问题，而构思解决的是前期如何拍、后期如何表达及方向的问题。在对所选题材进行了解或前期采访的基础上，编导要对选题做深入的、富有创造性的思考，从而确定主题、表现方式及基本结构，制定拍摄大纲和采访提纲。

3. 拍摄前的准备

拍摄前准备工作充分与否，直接关系到拍摄能否顺利进行。拍摄前的准备工作主要包括:筹建电视摄制组,进行合理而严密的分工;对拍摄对象及场地、环境等进行了解、勘察;准备拍摄设备、器材等。

（二）拍摄采访中的任务

拍摄和采访是电视创作中获取影像和声音材料的最重要环节。编导在此期间有四项工作要做:一,对外联系、落实拍摄地点、时间等具体事项;二,对内统筹安排拍摄进度、采访事宜;三,在拍摄现场进行场面调度、安排或指挥拍摄、指导现场采访,并能发现问题、及时处理问题;四,编导有时可能会身兼摄像、切换导演或主持人,这时就要注意兼顾全局。

编导在拍摄采访现场不必事必躬亲,但一定要到达现场,对拍摄和采访进行宏观把控和落实。对电视片来说,编导再好的想法都要在现场用镜头一一加以实现,尤其在影像的实现上,现场的即兴发挥才是前期纪实拍摄中最有魅力的地方。因此,片子好不好看,很大程度上取决于编导对构思落实得好与坏,以及和摄像师沟通得良好与否。

（三）制作后期的任务

后期编制是编导的一项极其重要的工作。在此期间,编导的主要工作是:向剪辑人员阐明自己的创作构思和要求;指导电视片的剪辑工作,把握作品画面和声音的表情达意、节奏和风格;审查和定夺文字稿;使用特技、字幕等技术手段;认真全面地把关、检查。

对编导来说,这个阶段可能是最痛苦的,因为所有的想法、所有的镜头、所有的采访都要靠自己一点点地来回修正才能实现。但是,对编导来说,后期重要的理念首先是把一个片子完成,其次才是把一个片子改好。

总体而言,电视编导在做节目的过程中最重要的三个任务就是制定方案、沟通协调与安排落实。从制定方案方面来说,编导的工作包括编写选题报告及制定拍摄脚本、制定编辑制作大纲。从沟通协调方面来说,编导一方面不仅要对外联系片子所涉及的采访对象,还要一一说服采访对象同意接受采访拍摄;另一方面对内要把自己对节目的想法和对拍摄采访制作的具体要求向创作组的摄像师、记者、剪辑等各个配合工种做清晰的说明。从安排落实方面来说,编导就是要从选题最开始一直盯到节目播出结束,要事无巨细,逐一实现对片子的所有想法。

三、电视编导的素质

首先，电视编导要具备较强的电视艺术创作能力，善于运用镜头语言进行艺术表述。其次，电视编导要了解、熟悉创作各环节的专业知识，例如前后期采访、摄像、照明、撰稿、剪辑、音乐、音响、特技与字幕等。因此，编导要擅长把握宏观与微观的尺度，也就是做到既要有对节目的宏观把握意识，又必须要有对节目的审慎、关注和检查，如字幕和镜头的使用、解说词和画面的配合、播音错漏、画面声音质量以及主持人的背景图像剪辑等。最后，电视节目的生产是一项集体创作活动，所以需要电视编导不但要有与外界各方有效沟通的能力，还要有组织能力和号召力，使各工序协同工作。

（一）电视编导的职业特征

1.职业敏感性

所谓职业敏感，就是编导对社会生活中与自己职业相关的事物要特别注意，并能及时发现和把握它们，使其对职业工作产生意义。

作为电视节目的主创者，电视编导必须具有很强的职业敏感性，即从职业角度出发，善于观察社会生活，能敏锐地发现有价值的题材，抓取鲜活的事件、现象和群众关注的热点以及焦点问题，从而有益于自己的创作。

职业敏感性的养成主要有三方面：专业定向注意习惯；比较丰富的生活经验；丰富的文化知识修养。

2.广博的知识

由于创作可能涉及各方面的内容，因此电视编导在某种程度上应该是一个“通才”。电视编导要尽可能地多接触、学习各种知识，提高艺术修养，以便发挥多方面知识互补互促的艺术通感作用，提升创作能力和水平。

3.电视业务的综合性

编导不仅是电视节目创作集体的核心和领军人物，更是专业方面的总设计、总指挥，这就要求编导必须是一个具有电视专业知识的通才，即不但具有选材、策划、构思、组织采访拍摄的能力，还要了解和熟悉电视创作各道工序的专业特点、相关知识和技能。虽然不一定要样样精通，但具备一些专业鉴赏力是十分有益的。

好多学编导的人常常迷惑：我怎么什么都学，结果什么都没学好！这是对的，编导学的东西就是杂。一个优秀的编导不但要懂文学、能写提纲、能写解说，还要懂摄像、懂灯光、懂后期，更重要的是要懂沟通、懂交流。和被采访者的交流以及和相关人员的交流往往都是最终影响成片的质量的关键。

4.宏观与微观

编导是电视节目的主创者，又是把关人，在很大程度上决定着一个节目的播出质量和水平，所以他既要有对节目的宏观把握意识，又必须要有对节目的微观检查意识，如镜头的使用、解说词与画面的配合、播音错漏、画面声音质量、剪辑主持人的背景图像，甚至字幕等。

（二）电视编导的素质要求

1.政治思想素质

要把握正确的舆论导向、为广大观众提供优秀的电视作品，编导必须要有一定的政治头脑、政策理论水平和较高的思想素质。其中包括：

（1）政治素质。编导要达到一定的政治思想高度，政治敏感性强，具有较强的社会责任感和分析能力，使自己的思想意识与主流社会的价值观念和道德标准保持高度一致。

（2）思想素质。编导要有强烈的事业心与敬业精神；追求真实、为受众服务的信念；清正廉洁的工作作风。

2.电视业务素质

（1）比较深厚的理论知识功底。坚实而系统的基础理论知识是形成高层次应用能力的基础。电视编导只有把扎实的专业理论知识与技能结合起来，才能创作出好的作品。

（2）电视专业知识、技能的了解和掌握。电视是一门综合性的艺术，首先，编导要具备较强的电视艺术创作能力，善于运用镜头语言进行艺术表述；其次，编导还要熟悉创作各环节的专业知识，如采访（前期、后期）、摄像、照明、撰稿、剪辑、音乐、音响、特技和字幕等。

3.美学修养和艺术鉴赏力

电视作品要获得好的传播效果，不能仅仅满足于把内容、信息传播给受众，还要带给受众以美的享受、美的熏陶。因此，编导一方面要努力提高自己的艺术鉴赏力，灵活运用艺术原则；另一方面要充分发挥艺术想象，使作品兼具内、外之美；此外，还要学习受众心理学的知识，以提高作品的传播效果。

4.组织和社交能力

电视创作就其本质来讲，属于同社会、同人、同环境打交道的工作；而电视节目的生产又是一项集体创作活动，这就需要编导既要有与外界各方有效沟通的能力，也要具有相当强的组织能力和号召力，进而使各道工序协同、高效工作。

思考与研讨题

1. 请解释电视编导的基本概念。
2. 电视编导在做节目的过程中有哪些具体任务？
3. 一个优秀的电视编导应该具备哪些素质？

延伸阅读

电视编导、电视制片人英译文辨析[①]

徐秋艳（中央电视台[②]）

在中国，如果一名电视编导用英文介绍自己的工作，使用 producer 一词，西方的电视同行一般来说会明白他或她的工作范畴：策划选题、联系采访、协调录像等，由他或她具体编造策划一期节目的录制。但是国内同行或普通人可能误解他或她是制片人。为何造成这种理解偏差？

笔者以为，这主要是因为国内懂英语的人都熟悉 producer 在电影界的含义，即电影“制片人”，于是想当然地把电影界的“制片人”（producer）概念平移到电视行业。早在 1968 年美国电视人就从电影行业引入 producer 的概念，但两个 producer 字同，意不同。同样，中国电视人 20 世纪 90 年代也从电影界借用“制片人”这个称谓，并同样将其含义加以改变。但是，此“制片人”已非彼“producer”。

---

① 本文已获作者徐秋艳女士引用授权。

② 本书中提到的“中央电视台”及其电视节目均在 2018 年 3 月中央广播电视总台组建之前，因此仍使用“中央电视台”这一名称，并简称为“央视”。

一、英语国家电视业 producer 的概念

1.电视业 producer 的概念诞生于美国 CBS

电影业的制片人(producer)是指电影的出资人或投资人。首次将电影业的 producer 概念引入电视业的是美国哥伦比亚广播公司(CBS)《60 分钟》节目(诞生于 1968 年)的创办人唐·休伊特(Don Hewitt)。他从电影业借用了 producer 的称谓,但对其意义做了改变。在他描述自己电视职业生涯的回忆录 *Tell Me A Story:Fifty Years and 60 Minutes in Television* 中,他是这样描述新闻杂志节目《60 分钟》中的 producer 和节目中其他成员之间的工作关系的:

Each of the five correspondents has his own team of producer,and between them,they generate the stories that come to me for my approval.

Here's how it works: After talking over an idea with Philor me the correspondent or producer writes up an outline of the story(F)…(Hewitt,2001:208)

"我们有 5 个记者,每个记者都有自己的一支 producer 队伍。他们合作采写报道,最后将作品提交给我审看。

具体地说,记者或者 producer 有了一个选题后,和我或费利普商量,获准后,记者或 producer 负责写出新闻故事的报道框架……"

从这段话中,读者比较容易看出唐·休伊特(executive producer)和记者(correspondent)以及 producer 三者之间的关系。显然,这里的 producer 在 correspondent 的领导之下。有若干 producer 协助一个 correspondent 采访报道。和 correspondent 一样,producer 可能会做选题策划,他们把完成的采访报道提纲提交至唐·休伊特处审定。

唐·休伊特的一段话特别值得一提:

Producers spend more time on individual stories than correspondents do, which is why we prominently feature each producer's name on screen when a story is introduced.(Hewitt,2001:209)

"Producer 在每篇新闻报道中比 correspondent 花费的时间还多,这也是为什么,每次电视上该新闻故事播放时,我们都会在屏幕上打上 producer 的名字。"

这段话很清楚地表明,producer 的工作很大程度上是业务性的、帮助记者采访、写稿等。也就是说,他或她从业务的角度而不是行政的角度帮助一名记者完成

一个报道任务。换句话说，producer在记者的领导之下，更多地协助记者或主持人做好新闻采写工作。

在CBS《60分钟》这档周播的新闻杂志节目编采队伍中，现在有近30名producer(CBS网站，2006)。如果把这些节目组成员都称作制片人显然是讲不通的。

唐·休伊特是美国电视新闻杂志这一节目形式的开拓者，他所创办的《60分钟》是CBS 30多年来长盛不衰的名牌节目，而CBS在美国各大电视新闻集团中的知名度高居榜首。他的关于producer executive producer的用法被CBS的其他电视栏目广为采纳。

比如，与《60分钟》一样统属CBS的另一档周末黄金新闻栏目《CBS周日早上》(*CBS Sunday Morning*)中，producer有14个，还有若干个记者、主持人等。他们的executive producer也只有一个。

2.澳大利亚广播公司新闻节目的producer

笔者2004年由澳大利亚政府资助在澳大利亚广播公司(Australian Broadcasting Corporation)工作三个月。笔者发现，那里的电视、广播节目的producer职责与唐·休伊特描述的《60分钟》的producer职责大体相同。

比如，澳大利亚广播公司的王牌周播电视综艺访谈节目*Enough Rope*(很难找到相应的中译文)，分工布局清晰。该节目策划部分主要由三个工种参与：一名presenter(澳大利亚电视主持人的称谓)，三名producer和一名executive producer。当然，该节目还有很多其他工种，如编辑(editor)、导播(studio director)、摄像(cameraman)等。每星期的言谈提纲由一个producer草拟后，被提交至由presenter、executive producer和所有producer参加的采访提纲论证会，会上大家集体讨论问题的取舍。这样的讨论会一般每星期有两次。寻找选题、草拟采访提纲以及参加提纲论证会是producer的主要工作。该节目的producer与前述的唐·休伊特手下的众多producer的角色分工相同之处在于：两个节目的producer都是负责具体某期节目的策划、制作等。他们一般不负责节目的编造安排、经费管理等。

3.美国电视纯新闻节目中的producer职责

电视新闻节目分为新闻和专题两部分。在美国，和新闻专题一样，纯粹的新闻节目中的producer与新闻专题节目的producer一样担负着节目制作的职责，只是工作细节不同。

在《电视新闻手册》(*Broadcast News Handbook*)中,作者指出,新闻节目的producer必须完成这些工作:算好节目时长,安排新闻条目的组合搭配、新闻编排的顺序,安排数字制图工作等。(Tuggle,2004:165)他或她也可能会撰稿,但这不是主要工作。根据该书所述,新闻节目的producer必须特别记住要做和不能做的事情,这些事情大多是技术性的,比如,特别记住要注意新闻节目的流畅性,千万不要忘记自己的职责只是技术性的,也需要一定的领导才能等。(Tuggle,2004:200)不难看出,此项工作的技术性要求比较高。正因为此,该书作者指出,不是所有的人都喜欢这项工作,有的人可能很喜欢,而有的人可能会讨厌这样的工作。(Tuggle,2004:165)

二、中国电视制片人概念

在中国,首次将电影制片人概念引入电视行业的是中央电视台副台长孙玉胜。1993年他在筹划创办新闻杂志《东方时空》时,并不知道西方电视业已经从电影业借用了producer的概念。他受电影"制片人"概念的启发,首次把电视节目组的负责人正式称为"制片人"。(孙玉胜,2003:377—378)他明确了制片人的职责:"……在电视机构,制片人不仅是栏目和节目的管理者,而且更重要的是,他是栏目和节目创作的核心。"(同上)虽然是借用的电影界的术语,但孙玉胜在书中明确提出电影和电视制片人的含义不同,因为电影制片人是"对出资人或投资人的称谓"(孙玉胜,2003:378),而在电视领域,制片人的职责主要体现在节目制作上人员的分工和节目经费使用的安排。在央视,一般来说,记者、编导等必须服从制片人对节目分工、经费使用的安排。正是因为制片人在节目中的领导地位,制片人一职被认为是非常具有诱惑力的。正如孙玉胜所说,"电视从业人员中出现了将制片人视为个人价值实现与否的标准。无论什么工种,无论多么优秀的编导、记者、主持人,好像只有做了制片人,个人价值才算得到了承认,否则就有失败感……这也许与制片人'一言九鼎'的地位有关"。(孙玉胜,2003:383—384)

一般来说,制片人不参与写稿、选题策划等具体工作,而是主要负责节目统筹安排。当然,在央视,很多记者或主持人可能是专职的,也可能是兼职的。所以央视出现制片人兼任记者、主持人等职的现象。这时他们会同时从事节目策划、主持和采访事宜等,但这些工作并不属于制片人的工作范畴。

三、电视编导、制片人的翻译

1."电视制片人"英译文 executive producer

孙玉胜关于电视制片人角色的阐述很难让人将中国的电视制片人角色与《60分钟》等英语国家电视节目中 producer 的职责相提并论。国内电视制片人的定位更容易使人想起在唐·休伊特和艾尼特·杰克芘曾主管的《60分钟》节目中,他们对整个节目负领导责任,包括选题的审定,记者、主持人、编导的挑选及节目审看等。艾尼特·杰克芘在接受笔者的书面采访时,这样回答她的职责权限:

"As the Executive Producer,I am responsible for over-seeing the production as a whole. I manage the financials of the program,the content and have the final say in what goes on air."("作为 Executive Producer,我负责监管节目的运作、掌控财权,以及节目内容选定和播出。")

在英语国家的电视界,executive producer 是节目组成员,而且仅一名。他或她对节目播出行使决定权。

担任 executive producer 的艾尼特·杰克芘和原《60分钟》的 executive producer 唐·休伊特,与孙玉胜所描述的国内电视制片人的职责最相近。由此,笔者认为,中文的电视制片人应译作 executive producer。

2."电视编导""电视制作人"的英译文 producer

提到"电视编导"的英译文,很多人第一反应会是:editor。但是,了解西方电视制作模式的人都知道,西方电视产业中有 editor(编辑)工种,他们是纯粹的画面、图像编辑。他们根据记者提供的文稿和图像素材进行图像编辑。西方的电视编辑原则上不参加任何前期策划、采访。换句话说,西方电视业的 editor 和 producer 是两个工种。中国电视编导的工作可以包括画面、图像的编辑,而且国内的电视编导大都能熟练地进行电视图像、画面编辑、图像编辑,这些技能被认为是编导的优势之一。这也许解释了为什么很多国内电视编导的英文称呼是 editor。但笔者以为此译文极不妥,因为国内的电视编导工作往往是英语国家电视行业的 editor 和 producer 两个工种的总和。与 editor 相比,中国的电视编导概念与西方电视 producer 概念吻合部分是主要的。所以,两译文相权,笔者认为,电视编导的英译文应该选择 producer,而不是 editor。

现在,国内的一些英文节目已经意识到这一点,并在节目制作工种的称呼上做了改变。比如，中央电视台英语频道(CCTV—9)的时事访谈节目 *Dialogue* 栏目就有 6 名编导。他们主要负责节目策划、联系嘉宾、安排录像、节目编辑及合成等。他们的英语头衔是 producer。相应地，该节目的制片人的英语头衔是 executive producer。

另外，在西方，电视业的 producer 不仅包括前面提到的“编导”概念，还有更为笼统的含义，即“电视制作人”。就像 CBS《60 分钟》节目的前编导(producer)彼得·何夫德(Peter Herford)在接受笔者采访时所说，西方的电视作品，不管是不到一分钟的新闻，还是长达十几分钟的新闻专题，都是“被制作出来的”(produced)。由此推理，producer 就是“节目制作人。”

第二节　电视节目的概念

本节要点

1. 电视节目的分类
2. 电视节目的评价
3. 电视节目的发展趋势

一、电视节目的分类

(一)电视节目与栏目

1.基本概念

电视节目是电视播出的基本单元，通常指的是电视工作者运用电视技术，将摄取的图像和声音素材，按照一定的章法，进行剪辑加工，分类、分段、排列组合而成的可供播出的视听产品。

电视栏目这一概念是从报纸杂志中借用过来的。栏目，在报纸或者杂志中被称为“专栏”。它将主题相对集中、题材和体裁相似的一组或多组稿件放在报纸或者杂志的一个版面，并标以统一的标题，使其成为相对独立的版块。电视栏目与之类似，有固定的播出时间、固定的风格、固定的长度，而且定期播出。

2.电视节目与电视栏目的关系

在电视发展的早期，电视节目是指电视播出内容的基本单位。直至 20 世纪 80

年代中后期，电视栏目这一提法才开始在电视领域频繁出现，电视业开始以栏目指称各个时段定期播出的内容单元，具有代表性的栏目当属《东方时空》。电视栏目将内容性质、功能目的、形态相近的各个小节目纳入定期、定时长播出的时段中，而且将定期播出的时段冠以固定的名称。

《东方时空》是中国电视史上第一个真正意义上的电视栏目，于 1993 年 5 月 1 日开播，创办之初栏目内含有 4 个子栏目：《东方之子》《生活空间》《东方时空金曲榜》及《焦点时刻》。《东方之子》以人物专访为主，《生活空间》被定义为生活服务栏目，《东方时空金曲榜》则引入了音乐电视 MTV 的概念，社会新闻是《焦点时刻》报道的重点。

由《东方时空》的例子我们可以看出，电视栏目是由“在固定的名称下若干个内容相近、相似的小版块或小栏目重新包装编辑而成的节目”①。从本质上讲，电视栏目是电视节目的一种编辑形式，如同报纸杂志的专栏一样，是一种编辑排版的形式。从电视栏目的内容来讲，它包含了新闻、经济、文化、体育、社会服务等各方面的电视节目。

张海潮在《中国电视节目分类体系》一书中认为，由于电视节目按照固定栏目播出是目前世界范围内电视节目播出最主要的形态，所以“电视栏目代替了电视节目原有概念中许多包容的范围”②，如特别时期的“两会专题报道”“奥运会专题报道”等具有具体名称的专题节目。此外，电视节目被特指为固定栏目中播出的某一相对独立的部分，例如《东方时空》中的《东方之子》《生活空间》等。

（二）西方主要国家节目分类

1.欧美电视节目分类

以美国为代表的西方电视节目主要包括信息类节目和娱乐类节目两大类。美国学者约翰·埃利斯(John Ellis)在其著作 *Seeing Things: Television in the Age of Uncertainty* 中根据节目的内容元素和叙事方式将电视节目分为以下几类：新闻类节目、纪录片类、娱乐杂志类、脱口秀类、肥皂剧类、情景剧类、喜剧类和体育类节目，如表 1-1 所示。其中信息类节目包括新闻节目、纪录片和新闻脱口秀；娱乐类节目包括：娱乐杂志、娱乐脱口秀、肥皂剧、情景剧、喜剧和体育节目。

① 项仲平.电视栏目与频道策划研究[M].北京：中国广播影视出版社，2007：137.

② 张海潮.中国电视节目分类体系[M].北京：中国传媒大学出版社，2007：15.

表 1-1　根据节目内容元素和叙事方式进行的电视节目分类[1]

类别	叙事方式
新闻类节目	电视新闻类节目的叙事方式是第三者见证式的叙事方式，通过展现现场情景、新闻播报来使观众获得现场感。
纪录片类	和新闻叙事类节目不同，纪录片对内容的时效性没有特别强烈的要求，对内容的客观性、中立性也不如新闻要求得那么严格；纪录片的叙事方式更加注重对画面内容的解释。
娱乐杂志类	娱乐杂志类节目所关注的往往是观众日常生活中所涉及的话题，比如做饭、化妆等。这类节目通常通过方法介绍、普通人演绎的方式来培养观众的认同感，促使观众模仿。这是集娱乐和教化功能于一身的节目类型。
脱口秀类	脱口秀是电视节目中最热门的节目类型之一，它所关注的内容涉及社会生活的方方面面。和新闻节目不同，脱口秀节目在叙述新闻的同时，更加注重对新闻话题的挖掘。与纪录片不同，脱口秀主要用谈话、讨论而非镜头向观众解释内容。
肥皂剧类	肥皂剧也是向观众讲述故事，但是它通常采用更加多样化、立体化的叙事方式。此外，肥皂剧的另一个重要特征就是，通过一个关键的、处于变化中的人物命运来展示故事的情节发展。
喜剧类	喜剧类节目最大的特征就是“非连贯性”剧本写作方式，观众会觉得它的情节转换通常没有明显的逻辑性。喜剧的叙事方式旨在突破现实生活中的惯例和常规，使观众从这种打破感中获得轻松感。
情景剧类	情景剧从本质上来说属于喜剧的范畴，但是情景剧和喜剧最大的不同就是情景剧将叙事放置在特定的场景当中，尤其是家庭生活场景。虽然情景剧中包含很多欢快娱乐的场景，但是也会展现生活中遇到的一些困难和问题。
体育类节目	体育类节目比较特殊，它从某种意义上讲具有新闻节目的特征，但是和新闻类节目不同的是，体育节目存在的最大价值就是通过直播的方式与观众一起见证结果。所以，体育节目叙述的内容一定会有一个明确的结尾，这也决定了体育节目必须按照明显的先后顺序进行叙事。

上述分类方法过于复杂，而且部分类别之间也会产生交叉，所以目前更通用的分类方法是四分法，即把所有的电视节目分为四大类型：新闻类节目、娱乐类节目、

---

① ELLIS J.Seeing Things: Television in the Age of Uncertainty[M].London: I.B. Tauris Publishers.1999: 102-128.

教育类节目、服务类节目。① 综合来看，四分法更加简洁实用，因此国际上采用这种分类方法的国家较多。

欧洲国家的电视节目主要参照欧洲电视数据公司在电视市场调查中采用的方法进行分类，其中：

电影类节目：电影、电视电影、连续剧、肥皂剧、巴西电视剧、动画片；

娱乐类节目：大型活动节目、综艺节目、喜剧、真人秀、游戏节目、脱口秀；

新闻类节目：新闻杂志、新闻快讯、政论节目、纪录片；

体育类节目等：体育节目和未被统计的其他节目。②

我们可以看到，作为商业性的媒介调查研究公司，该公司的分类侧重于电影、新闻、体育、娱乐四类收视率较高的电视节目。这是非常有研究意义的一种分类方法，例如娱乐节目的分类中包含大型活动节目、真人秀节目、游戏节目、脱口秀节目等，这些节目类型在中国的分类系统中较为少见。

（三）国内电视节目的分类

四分法，是指按照电视节目内容的主题对电视节目进行划分，将电视节目划分为：新闻类节目、娱乐类节目、教育类节目、服务类节目四大类。美国学者C.R.赖特(C.R.Wright)在《大众传播：功能的探讨》一书中提出了大众传播的四种功能——环境监测功能、解释与规定功能、社会化功能与提供娱乐功能。四分法大众传播的这四种功能与电视节目的四分法相符合。因而，四分法目前在国内成为常用的分类方法。下面就重点介绍一下各类电视节目。

1.新闻类节目

新闻类节目是电视传播中最重要的节目，同时也是最能体现电视传播特性的节目，电视新闻的传播水平直接决定了一个电视台的收视率、声望与影响。具体来讲，新闻类节目是指以现代电子技术为传播手段，以声音、画面为传播符号，对新近或正在发生的、引起观众普遍兴趣的事实进行报道和评述的电视节目。电视新闻节目根据不同的报道方式、编排形式又可以分为以下三种。

（1）动态性综合新闻节目

这类节目一般由新闻价值较高的硬性新闻组成，通常采用消息、口播新闻、现

---

① 王文斌，胡正荣.世界电视前沿[M].北京：华艺出版社，2001：123.

② 张海潮.中国电视节目分类体系[M].北京：中国传媒大学出版社，2007：62.

场直播、连续报道等方式对最新的新闻事实进行报道。每条新闻的长度往往只有几十秒或一分多钟，因此较适合动态性的快速报道，而不适合说理、深度分析。这类新闻节目对时效性要求较高，每天播出，例如中央电视台的《新闻联播》以及各省市台的地方新闻联播。

案例精选：中央电视台《朝闻天下》

《朝闻天下》于2006年由中央电视台原《早间新闻》改版而成。《朝闻天下》整合了早间时段原有的6点《早新闻》、7点《早新闻》《媒体广场》和《早新闻8点》，以新闻和服务资讯为主，旨在打造一个统一的早间高收视平台。

图1-1　中央电视台《朝闻天下》简介及节目视频截图

(2)专题类新闻节目

专题类新闻节目通常深入报道某一重大新闻事件或者某些具有新闻价值或广为群众关心的新闻人物、新出现的社会现象等，常以连续报道或者系列报道的形式出现。在时效性上，专题类新闻节目和消息更为接近，报道刚刚发生或者正在发生的事件；在内容上，是对电视消息报道的延伸、补充。

通常情况下，专题类新闻节目没有固定的名称，主要是根据重大事件的发生时间、报道任务而设置的不定期播出节目。专题新闻、专题报道、电视访谈都可以纳入专题类电视新闻节目的范畴，如“两会报道”“奥运会报道”“世界杯报道”等。

(3)杂志类新闻节目

杂志类新闻节目又称专栏类新闻节目，它借鉴杂志的编排方法，按照统一的宗旨将不同样式和内容的新闻节目版块串联起来，形成完整的节目，在固定时间播出。杂志类新闻节目吸取了专题报道和动态新闻的优点，杂而有序、灵活多样、中心突出。杂志类新闻节目的时效性要求不高，因此不会每天播出，一般情况下以星期为周期，一周播出一次，例如北京电视台《第七日》。

案例精选：北京电视台《第七日》

《第七日》在消息报道的基础上，加入人物专题的元素，使节目成为既涵盖故事点，又具有丰满人物形象的专题片，而节目选取热点新闻事件中的当事人及城市中的生活达人作为主人公，他们或有曲折的经历，或有独特的个性，抑或是有鲜明的思想或事迹。节目强调以人物为线索讲故事，以故事为背景塑造人物。

图 1-2 北京电视台节目《第七日》简介及节目片头截图

2.娱乐类节目

电视娱乐类节目以娱乐性、消遣性、趣味性为特点，主要目的是使受众获得愉悦感，满足受众的审美需求。娱乐类电视节目是占据市场份额最多的节目类型，大体上可以分为影视剧节目、综艺类节目、真人秀节目等类型。

(1)影视剧节目

影视剧是综合性较强的艺术样式。“它是既发挥电视自身的传播优势，又融汇了其他艺术样式和传播媒介的特点而产生的一种艺术新品种。”[①]电视的观赏环境具有随意性强、易受干扰的特点，所以一般影视剧的情节线索不能过于繁杂，核心人物必须集中、清晰。

案例精选：电影《归来》和电视剧《金玉良缘》

图 1-3 电影《归来》和电视剧《金玉良缘》宣传照

---

① 汪苏华.我国电视节目的基本分类[J].当代传播，1997(4).

(2)综艺类节目

电视综艺节目是一种综合调度音乐、舞蹈、小品、曲艺、杂技等多种文艺表演样式,经过主持人的串联后将文艺与娱乐融为一体的电视文艺节目。坐在剧场内的观众自始至终看到的是一个景别、一个角度,但是经过电视镜头加工的综艺节目则有了远景、全景、中景、近景、特写等不同的景别和正、反、俯、仰、侧等多角度的变化。综艺节目以丰富的内容、多变的表现手法为观众打造一场视觉盛宴。

案例精选:2014 年中央电视台春节晚会

图 1-4 2014 年中央电视台春节晚会新闻照片

(3)真人秀节目

目前,学界对真人秀节目的定义并不统一,普遍接受的一个解释是:真人秀是由普通人(非演员)在规定的情景中,按照预定的游戏规则,为了一个明确的目的,做出自己的行动,同时被记录下来而做成的电视节目,也泛指由制作者制定规则,由普通人参与并录制播出的电视竞技类游戏节目。

真人秀节目大多是参与者自愿参加的,而且伴随着一系列的竞争行为。真人秀节目虽然有“秀”的成分,但是全过程遵循真实记录原则,以真实的近距离拍摄及以人物为核心的戏剧化剪辑讲述真实故事。真人秀节目大致可以分为以下几种类型,如表 1-2 所示。

表 1-2　　真人秀节目类型表①

类 型	节目特点	节目案例
生存考验、冒险挑战型	节目参与者参加野外生存考验、冒险竞技	NBC 电视台《生者为王》
人际考验型	节目参与者被安排在特定的时空内，被考验与他人的人际关系	CBS 电视台《老大哥》
表演选秀型	节目参与者在舞台上或者演播室里进行表演	浙江卫视《中国好声音》
置换身份型	节目参与者进入完全陌生的环境中接受考验	湖南卫视《爸爸去哪儿》

3.教育类节目

教育类节目在电视行业一般指的是具有显著教育功能的节目。这类节目寓教育于娱乐，题材广泛，节目设置与编排手法灵活多样。根据目前国内已有的节目情况，教育类节目可以分为四种类型：社会教育类节目、少儿与青年教育类节目、国际教育类节目及大型教育类节目。本节重点介绍社会教育类节目。

社会教育类节目全称是社会科学教育类节目，通常设置有固定的节目主持人，注重与观众的交流，旨在让观众在愉悦的氛围中提高思想情操，获得多方面的知识。电视社会教育类节目包含着多种门类，有知识型节目、服务型节目、对象型节目和课堂教学型节目等，如表 1-3 所示。

表 1-3　　社会教育类节目分类

类 型	节目特点	节目案例
知识型节目	以传播社会发展所需要的社会规范知识为主	中央电视台《探索·发现》
对象型节目	以特定的社会群体为传播对象，为特定的社会群体服务	中央电视台《大风车》《夕阳红》《半边天》
服务型节目	生活气息浓郁，向观众介绍烹调、保健、美容、栽花、养鱼等充满家庭生活乐趣的知识	旅游卫视《美丽俏佳人》 中央电视台《天天饮食》
课堂教学型节目	系统地传授某一类文化科学知识，突破传统教学的时空局限	中国教育电视台第 2 套《生物化学》《病理生理学》

① 李林，刘万军.电视编导实务[M].北京：中国传媒大学出版社，2013：10.

4.服务类节目

狭义地讲,服务类节目是指为人们日常生活中的具体需要提供指导、帮助或具体服务的一种节目形式。按照服务功能划分,服务类节目主要可以分为生活服务类节目和理财类节目两大类型。

(1)生活服务类节目

生活服务类节目主要强调的是电视的公共服务功能,这类节目关注的重点是满足百姓日常生活的需求。但是如同其他电视新闻节目一样,生活服务类节目也必须注重新闻性和服务性的结合。

案例精选:中央电视台《生活早参考》

《生活早参考》于2010年12月6日开播,每天早上8:30在央视综合频道播出。这是央视一套着力打造的民生类服务栏目,也是权威媒体一次有特色、有意义的尝试。栏目对观众生活中的困惑进行深层次解读、科学性求证,做老百姓身边信得过的生活参谋。

图1-5　中央电视台《生活早参考》节目简介及视频截图

(2)理财类节目

理财类节目是生活服务类节目中较为重要的一类,主要指专业介绍证券、股市和家庭理财、艺术品投资等内容的节目。因此,根据其内容,理财类节目又大致可以分为“股市、证券节目”和“理财、收藏类节目”两类。

案例精选:湖北卫视《天生我财》

《天生我财》是湖北卫视有史以来以早、午、晚贯通的方式制作的一档大型财经类栏目,也是湖北卫视每天播出时间最长的栏目。该栏目自2007年4月开播以来,收视率节节攀升,市场份额急剧扩张,被广大股民和业内人士誉为“中国证券节目第一品牌”。

图1-6　《天生我财》节目简介及视频截图

（四）节目模式

1.节目模式的定义

2012年浙江卫视的《中国好声音》独领风骚，开启了国内各大卫视引入外国节目模式的浪潮。《中国好声音》不仅拥有荷兰的正版版权，而且荷兰制作方还对节目进行了全程指导，甚至提供了一份完整的操作"秘籍"。"从节目的前期准备、内容安排、导师选择、学员挑选，到现场音响的安装调试、灯光的明暗度乃至海报设计、宣传片头、导师手势等全部由荷兰版权方派出的专家进行现场指导。"①可以说，《中国好声音》的成功，让中国的综艺界开始了对模式节目的崇拜。

所谓的模式节目是指拥有固定的节目操作模式，整个流程可以进行标准化、量化操作的电视节目。模式化节目成功的关键在于拥有操作性强的独家节目模式。

节目模式源于英文的 Television Program Format，通常又可以被称为节目模板或者节目样式。节目模式的概念起源于欧美，美国学者 Lisa Logan 这样解读它的概念："节目模式是电视节目的中心思想，它由一个包含下列所有或部分元素的纲要式结构予以表达：情节、镜头、角色、名字、布景或道具、广告词或其他可复制元素。"②

从以上解释可以看出，节目模式包含了对节目形式与内容的基本组成元素（规则、流程、脚本、舞台设计、灯光舞美、视觉形象）的标准化概括，也就是说，节目模式是一套可遵循、可复制的电视生产程序。

案例精选：《中国好声音》与 *The Voice*

图1-7　《中国好声音》与 *The Voice* 海报对比

---

① 路晓.2013年火热引进国外综艺节目的冷思考[J].传媒观察，2014(3)：11-13.

② LOGAN.The Emperor's New Clothes? The way Forward：TV Format Protection under Unfair，Competition Law in the United States，United Kingdom and France[J].Entertainment Law Review，2009：87-92.

2.节目模式的构成

以上文提到的《中国好声音》为例，模式节目的构成除了单一的节目版权外，还包括“节目制作宝典”和“技术监督”，即“实际文本＋专家现场指导”的配套服务。

(1)节目制作宝典

所谓的节目制作宝典类似于武林高手争相抢夺的“武林秘籍”，它是节目模式的重中之重。制作宝典由两大部分构成：内容构成和技术元素。其中，内容构成是电视节目的核心竞争因素。一档电视节目的内容包含节目的定位、规则、脚本、视觉形象和角色五大版块。

节目定位指由制作人员来确定节目的思想内容、目标受众、节目主题、制作风格等，通常是事先规划好的。

节目规则是使节目得以依照特定的程序、步骤进行的机制，规则的存在是为了使节目能够继续推进，比如真人秀中以得票数的多寡来决定选手能否晋级。

脚本是对节目进程及细节的安排与统筹，节目中的环节衔接、细节表现必须按照脚本一一展开，所以说脚本是决定一期电视节目能否顺利进行的关键。

视觉形象是提高节目辨识度的有力武器，包括节目 Logo、片头、海报、场景、人物服装以及节目主色调的设计等。

角色设置通常用于真人秀节目，考虑的因素有参与者的角色定位以及参与者之间的关系。每位参加节目的选手都有自己的角色功能，把这种功能带到节目的相应环节之中，才会使得节目中的人物关系更为丰富。

(2)技术监督

除了提供详尽的节目制作宝典外，版权输出方通常也会派出技术监督对“宝典”进行具体指导。节目制作宝典就像是一份高档产品的说明书，技术监督团队就像是负责指导产品安装、确保产品能正常使用的技术维修人员。

节目制作宝典内容详尽，甚至连现场音响的接线方法都有严格的规定。技术监督团队要帮助引进方“设置舞台效果，比如灯光挂放位置、音响的调试、人物的出场方式等，此外，关于后期制作的细节，如素材的筛选、编排顺序，他们也会给出建议，帮助本土团队及时做出调整”①。

① 杨智威.音乐选秀节目的海外模式引进与再造——以《中国好声音》为例[D].重庆：重庆工商大学，2013：11.

《中国好声音》在节目制作过程中，大到舞台设计，小到导师海报的手势，全程接受荷兰方派出的专家的指导。除去保留原版的精髓外，节目难免要根据当地的民族文化风俗以及观众的收视习惯做出形态上的调整，所以版权买进方和输出方也要就这些“调整”做出协商。

3.节目模式的特点

（1）可复制性

模式节目在不同的国家成功“登陆”，证明了节目模式具备从一个市场转移到另一个市场的可复制性，例如，英国的《英国偶像》在美国是 *The X Factor*，在中国就是《中国最强音》。电视节目的可复制性主要依靠拷贝、移植来实现，但这并不仅仅是 Ctrl＋C 和 Ctrl＋V 的简单操作，而是在保留原有节目构成元素的情况下，对原版的模式进行适当修改，使之更加符合本土观众的收视心理。

（2）独创性

独创性指节目模式是由制作者独立研发而成的，是受到法律版权保护的。也就是说，引进方独家引进外国版权的模式节目后，如果在国内出现了类似节目，引进方可以通过法律手段来维护自己的权益。模式节目的“独创性”并不等同于“首创性”，换句话说，如果构成节目的元素是现有的（甚至其他电视台也拥有），但是节目模版是独家选择、设计的，那么其制作模式也被认为具有独创性。

（3）固定性

节目模式中的内容元素（比如规则、视觉效果、角色等）都必须是量化的常量元素，以使每期的节目内容呈现出统一效果，这就是所谓的固定性。简单来说就是，每期节目中的核心元素是固定不变的，这样既可以对观众产生持续性冲击，又可以提高节目的辨识度。反过来讲，如果一档节目每期的内容都不断地在发生变化，那么该节目就不具备稳定性，也就不能被称为模式节目。

思考与研讨题

1.什么是电视节目？它与电视栏目有什么区别？

2.西方主要国家是如何对电视节目进行分类的？

3.国内目前主要将电视节目分为哪几类？

4.模式节目指的是什么？其构成因素有哪些？

二、电视节目的评价

(一)电视节目评价的主要方法

所谓的电视节目评价,“是电视媒体或社会机构按一定的原则、标准和方法,对节目质量及其产生的经济和社会效益进行评定和估算,是一种节目管理模式”[①]。电视节目评价体系的建立和完善,对于电视台的经营和管理具有重大意义。科学、公正、规范的节目评价体系能够调动采编人员的积极性和创造性,有助于将节目生产和管理中产生的问题规范化地加以解决。

1.国外节目评价体系

全球的广播电视业主要可以分为两种:以美国为代表的商业电视和以英国为代表的公共电视。根据节目形态的不同,英美两国经过多年的探索实践,最终形成了一套适合本国电视节目特点的评价体系。

(1)美国电视节目评价体系

美国商业电视评价体系主要是以市场和收视率为参考的,主要包括播前评价和播后评价两部分。播前评价致力于为节目的定位、编排方式提供参考,包含客观数据汇总和主观分析两个层面的内容;而播后评价则是以电视节目的收视率为核心,主要由收视率调查、市场份额和观众构成分析等部分组成。商业电视评价体系偶尔也会进行节目满意度调查。

表 1-4 美国商业电视节目评价概要[②]

<table>
<tr><td rowspan="5">播前评价</td><td rowspan="3">客观数据汇总</td><td rowspan="2">节目基本内容的描述</td><td>节目主要情节如何设置</td></tr>
<tr><td>预计播映的市场数量、在不同电视台的播映时间安排、目标受众的类型特征</td></tr>
<tr><td colspan="2">演员名单、主持人知名度及主要参与者的基本情况</td></tr>
<tr><td rowspan="2">主观分析</td><td>电视台的总经理或电视节目的主要负责人</td><td rowspan="2">将收集到的客观数据资料与电视台的预期目标进行比对,确定是否有购买节目的必要,并决定什么时候播出</td></tr>
<tr><td>电视台节目的专门性代理公司</td></tr>
<tr><td rowspan="2">播后评价</td><td colspan="3">收视率调查、市场份额分析、观众构成收视分析</td></tr>
<tr><td colspan="3">节目满意度调查</td></tr>
</table>

① 郭庆.电视节目评价的问题和对策[J].当代电视,2006(4):56-58.

② 杨凯.美国电视节目评估体系及启示[J].中国广播电视学刊,2005(2):71-72.

针对电视节目的播前评价，美国的商业电视建立了完整的节目分析系统。来自哥伦比亚广播公司(CBS)的大众传媒专家弗兰克·斯坦顿(Frank Stanton)博士和保罗·拉扎斯菲尔德(Paul F. Lazarsfeld)博士共同合作推出了拉扎斯菲尔德—斯坦顿节目分析仪，又被称为"小安妮"节目分析系统。该系统可以对新节目进行预测，例如能够吸引大致多少数量的观众、对收看节目的观众到底会产生什么样的影响等。在电视市场日益激烈的竞争中，实行播前评价不仅可以对节目做出较为全面的把握，而且能够通过预测为节目规避风险。

(2)英国电视节目评价体系

英国公共电视的发展主要是为了平衡效率和使用任务之间的冲突问题，因此英国采用的是把欣赏指数和收视率结合在一起对节目满意度进行调查分析的方法。英国广播公司(BBC)实施的是包含了收视率指标、节目品质、影响力和投资价值四个维度在内的持续性绩效评价体系。

从表1-5可以看出，在BBC的持续性绩效评价体系中，收视率指标和投资价值均占有相当重要的位置，同属于基本衡量维度。这从侧面说明，即使是作为追求社会效益的公共电视也同样重视市场因素。此外，此评价体系还特别设计了新型平台的收视情况分析，涵盖了互联网、手机等的点击率和下载量等。这表明随着传播技术的发展和媒介环境的变化，传统的电视业也在不断进行着调整。

表1-5　英国广播公司(BBC)的绩效评价体系①

衡量维度	衡量指标
收视率指标	收视率、收视率低的年龄群体情况分析、观众市场占有率、收看时数、新型平台的收视率情况
节目品质	观众满意度、欣赏指数、获奖情况、特色评价、创意评价、其他媒体报道情况
影响力	观众记忆度调查、信任度及行为影响分析、同行业影响分析、平面媒体报道情况
投资价值	绝对成本、每位使用者的成本、投资效益认知调查

2.国内电视节目的评价体系

国内电视节目的评价体系比较有代表性的当属中央电视台和湖南电视台目前所采用的评价方法。

---

① 曹琬凌，彭玉贤，林珍玮.公共广电问责体系初探：以台湾公广集团公共价值评量指标建构为例[J].台北：新闻学研究，2008(96)。

(1)中央电视台:综合节目评价体系

自2002年的“末位淘汰制”及2008年引入品牌指标和趋势指标后,中央电视台于2011年再次出台了新的节目评价体系标准:引导力、影响力、传播力和专业性,即所谓的“四项指标、一把尺子”。其中,占据比重最大的是传播力(50%),其次是影响力(25%)、引导力(20%)、专业性(5%),如表1-6所示。

表1-6　　中央电视台节目综合评价体系(2011年)[①]

指标	二级指标	考量维度	专家打分	观众调查	收视率调查
引导力20%	引导力20%	表征节目导向是否正确,价值观是否被认同的社会效果指标	√	√	
影响力25%	公信力10%	表征节目可信性、权威性及责任感方面的社会效果指标		√	
	满意度15%	总体满意度、分项满意度		√	
传播力50%	收视目标完成率10%	受众传播规模的拓展与维护			√
	观众规模20%	节目传播广度与观众群的拓展能力			√
	忠诚度15%	节目吸引观众的能力			√
	成长趋势5%	节目成长性和阶段性状态			√
专业性5%	专业品质5%	制作水准和品质	√		

2011年被定位为中央电视台品牌栏目建设之年,新推出的节目综合评价体系被认为是一项重大的改革措施。方案引入了节目评价的四个核心指标,而且在影响力下设有公信力和满意度两个指标,传播力又细分为收视目标完成率、观众规模、忠诚度和成长趋势四个二级指标。

随着国家广播电影电视总局(以下简称广电总局)2012年8月《关于建立广播电视节目综合评价体系的指导意见(试行)》(下文简称《指导意见》)的出台,中央电视台在原有节目评价体系的基础上进行了更为精细化的管理,将节目评价体系设置为三个一级指标:主观评价、客观评价和成本效益。其中主观评价分为观众满意度调查与专家评估两部分;客观评价主要是指收视指标,包括收视率、市场份额与收视负载比三部分;成本效益包括点成本、分钟盈利、资金回收率、广告承载量四部

① 文卫华.电视节目评价体系:英美模式和中国实践[J].中国电视,2011(11).

分，如表 1-7 所示。

表 1-7　　精细化管理的节目评价体系概况[①]

<table>
<tr><td rowspan="9">电视节目综合评价管理体系</td><td rowspan="2">主观评价指标</td><td>观众满意度调查</td><td rowspan="2"></td></tr>
<tr><td>专家评估</td></tr>
<tr><td rowspan="3">客观评价指标</td><td rowspan="3">收视指标</td><td>收视率</td></tr>
<tr><td>市场份额</td></tr>
<tr><td>收视负载比</td></tr>
<tr><td rowspan="4">成本效益</td><td>点成本</td><td rowspan="4"></td></tr>
<tr><td>分钟盈利</td></tr>
<tr><td>资金回收率</td></tr>
<tr><td>广告承载量</td></tr>
</table>

根据广电总局《指导意见》中收视指标不超过 40％的要求，中央电视台将客观评价指标权重定为 40％；同时，节目的社会效益也是不容忽视的一部分，因此代表社会效益的主观评价权重被定为 30％；关系到频道、电视台经济利润的成本效益的权重同样被定为 30％。也就是说，综合评价指数（满分 100 分）＝客观评价指标×40％＋主观评价指标×30％＋成本效益×30％。

（2）湖南电视台以“定位—价值”为轴心

湖南电视台一直是中国地方电视台的领导者，在节目方面，“电视湘军”也建立起了符合本台特色的节目评价体系。湖南电视台坚持的是“节目综合价值＝行政×专业×效能”的导向原则。换句话说，电视节目要兼顾行政导向、专业水准和经济效益。

湖南卫视的节目评价是基于节目而明确定位的，对于不同类型的节目进行评价时，需要根据节目定位对行政、专业及效能赋予不同的权重。举例来说，湖南电视台对省级新闻联播的考察重点是行政导向，而对《快乐大本营》《天天向上》等节目则重点考察其经济效益。

此外，湖南电视台以“收视贡献、创收贡献、品牌贡献、创新贡献”四个指标来衡量电视节目对频道的贡献和价值。“电视节目要统一于频道主品牌，节目之间的协作就

---

①　杨海.电视节目综合评价体系研究[J].新闻世界，2013(8).

应大于竞争。”[①]就此，湖南电视台建立起了以“定位—价值”为轴心的节目评价体系。

（二）新节目评价体系的构建

1.目前国内节目评价体系存在的问题

（1）唯收视率论

虽然中央电视台早已放弃了“末位淘汰制”的评价标准，但是在大多数发展情况不尽理想的地方台，收视率仍然是决定一档电视节目生死存亡的关键。这种“一刀切”的做法使得很多电视节目竭力在形式、内容上追求标新立异，执着于吸引受众眼球，而忽略了节目内容对电视观众所产生的影响。

收视率仅能反映收看节目的观众数量，却不能体现电视节目的质量。单纯的唯收视率论致使各电视台之间争相模仿收视率高的节目，比如，自湖南卫视的亲子真人秀《爸爸去哪儿》在赚得收视、口碑双丰收后，各大电视台竞相推出了亲子节目，如浙江卫视的《人生第一次》《爸爸回来了》、贵州卫视的《爸爸请回答》以及陕西卫视的《好爸爸坏爸爸》等。正是这种以收视率高低论成败的评价标准，才使得一时之间电视荧屏被多个同类型的电视节目占据。

（2）忽视播前评价

在美国商业节目的评价体系中，播前评价占据很大的权重，重视节目操作可行性的美国人甚至研发出了专门的节目分析系统，对即将运行的新节目进行预测。可以说，播前评价最大限度地避免了电视台、频道各方资源的浪费。

通过与美国商业节目评价模式的比较，我们不难发现，目前我国的节目评价体系普遍缺乏播前评价的环节。节目的播前评价体系实质是管理活动中的计划，是目标管理中的目标。而当前大多数电视台所谓的节目评估其实是指播后评价，无论是影响力、引导力，还是传播力，都是根据节目播出后收集到的客观数据进行评价的。

（3）收视率量化标准误差较大

在AC尼尔森调查公司进入我国之前，央视索福瑞公司在市场收视率调查方面一家独大。由于调查时段、调查方式的不同，这两家公司针对同一档电视节目得出的收视数据往往相差较大。

---

① 杨海.电视节目综合评价体系研究[J].新闻世界，2013(8)：68-70.

例如，对杭州地区2000年1月1日至9月2日期间中央电视台的《新闻联播》收视率调查，央视索福瑞提供的收视率均在20％以上，而AC尼尔森调查的收视率仅为4.6％。这种差异悬殊的调查结果往往令电视台和广告商无所适从，观众也容易对节目收视率产生不信任感。

2.完善电视节目评价体系

（1）播前评价与新媒体的引入

当前电视行业面临着极其严峻的竞争局面，不仅是电视台之间存在竞争，频道之间也存在竞争，新媒体与整个电视行业都处于“厮杀”状态。所以在这种情况下，推出电视新节目需要慎之又慎。不管是出于对经济效益的担心还是对社会效益的考量，科学的播前评估体系都能在一定程度上规避风险。除此之外，播前评估还可以为节目的生产、定价以及编排等提供合理的指导。

关于新媒体因素，英美的评价体系均有涉及。BBC的绩效评估体系中直接设有“新型平台的收视率情况”这个二级指标；而美国的AC尼尔森公司作为全美最权威的收视调查公司，自2009年开始便在电视样本家庭中安装了网络测量装置，用以对用户在网上所观看的影视节目进行统计监测。也就是说，最终得出的收视率数据不仅来自电视，也来自对互联网的调查。这种统计方法对于中国的评价体系而言是一种很好的借鉴。

（2）从量化分析到质的研究

收视率的调查只能回答“何为收视行为”的问题，却始终无法解释“收视行为为何”的问题。要想知道观众行为的原因，观众满意度调查被看作是一种可行的方法。观众满意度调查，国外通常称为“欣赏指数”，是测量观众对电视节目喜好与评价的一项指标，这是在收视率这个“数量”指标之外的一个“质量”指标。欣赏指数与电视节目的播出时段、时长没有显著的关系，可以用来比较不同频道、不同定位的节目，是一个反映电视节目内在质量的稳定指标。

中央电视台调查咨询中心于2000年进行的欣赏指数调查结果显示，“新闻类节目的满意度与收视率具有非常显著的正向相关关系，显著水平达到95％以上；而专栏类节目只有在文化水平较高的人群中满意度才成为影响收视行为的重要因素；在体育类、经济类、综艺类节目中，满意度与收视率没有显著的相关关系”[①]。由此可见，收视率高的节目欣赏指数不一定高，收视率低的节目欣赏指数不一定低。换句话说，收视率的高低情况并不影响观众对该节目的评价，欣赏指数具有一定的独立性。

如果说，收视率注重的是社会个体的鉴赏活动，那么欣赏指数则是电视节目自我评价和社会评价的结合。在收视率被普遍看重的情况下，进行收视率调查的同时结合满意度调查，有助于发挥电视节目因为过于追求经济效益而被忽视了的文化功能。

(3)参与性标准

胡智锋教授在《2005：中国电视备忘录》中谈道：“《超级女声》给我们一个很大的启发，即参与性应成为电视节目的一个评价标准。如果一个电视节目思想性很好、艺术性很高、观赏性很强，但是参与性很弱，它就很难和现在的观众需求相匹配。”[②]

新媒体开始对传统媒体发难始于新媒体的普遍参与性，正是这项优势使新媒体演变成了全民的狂欢。电视观众是电视节目价值的最终实践者，观众是否喜欢并从中得到益处关系到电视节目能否长期发展。而且，受众参与到电视节目中，不但能将大众传播与人际传播相结合，而且能弥补各自的缺点。传播者与受众不断交换角色，有利于电视节目制作者随时掌握节目的传播效果，并相应地做出修改或者补充。

思考与研讨题

1.目前西方国家与国内现存的节目评价方法有哪些？

2.国内的评价体系存在哪些问题？

3.新的评价体系的构建需要注意哪些问题？

---

① 郑欣.电视节目评估：从量化分析走向质的研究[J].南京师大学报(社会科学版)，2008(4)：45-51.

② 王甫，吴涛，胡智锋.中国电视备忘录[J].现代传播，2006(1)：1-7.

三、电视节目的研发

(一)电视节目研发的意义

1.适应激烈竞争的需要

内容生产是电视的核心优势,但是在媒介产业发展全球化、商业化的背景下,流行节目的模式更加具有示范意义和市场引领价值,于是,电视节目模式逐渐成为被仿制的对象。以真人秀节目为例,中国的真人秀节目呈现出从最初模仿欧美国家到最近模仿日韩国家的趋势。江苏卫视的《星跳水立方》引进的是荷兰节目 *Celebrity Splash*,浙江卫视的《中国好声音》模仿的是荷兰的 *The Voice of Holland*,而 2013 年火爆荧屏的湖南卫视《爸爸去哪儿》《我是歌手》则都是购买韩国真人秀的节目版权。

无论是欧美还是日韩,这些发达国家都已经成为电视节目模式的输出大国。它们通过研发、售卖节目模式,进一步提高了其在全球电视行业竞争中的优势地位。而类似于中国的发展中国家,仅仅引进这些节目的版权费就是一笔不菲的开销。电视行业的国际竞争俨然已经到了节目模式创意竞争的阶段。

2.满足受众求新心理的需要

电视节目作为内容的生产方,如不能在内容上满足受众的需求,那么电视观众就会毫不犹豫地转投新媒体这种内容更加多元、形式新颖的媒介。所以说进行电视节目的研发,一方面是为了应对来自电视行业内部的竞争,另一方面则是为了满足电视观众心理的需要。

从目前的局面来看,电视越来越以一种伴随的状态出现在家庭之中:通常是电视机开着,但是本应观看电视的人却低头摆弄着手中的手机。和电视相比,手机上的各种 APP,例如微信、微博、手游等更加吸引人。观众只有对某个节目特别感兴趣,才会抬头瞟上两眼,但这时候手机也必定是开着的——要用手机上的 APP 发表对刚刚收看的节目的评论。

幸运的是,还有一些电视节目能够引起受众在社交媒体上的热议,比如《爸爸去哪儿》《我是歌手》。但是正如之前所提到的,这些引起热议的节目都不是国内电视台自主研发的。如果按照这种引进的模式发展下去,中国电视产业资金将不断外流,电视节目产业将很难在竞争中立足。

（二）电视节目研发的流程

1.市场调查

电视节目是电视产业的产品形态，任何一种产品最终都要接受市场的检验，所以在研发新的节目模式时，进行充分的市场调查很有必要。市场调查包括对生产市场、播出市场、广告市场和资本市场四大部分的调查。

生产市场调查主要是指对本地市场格局、可借用模式的调查；播出市场调查则需要了解同类节目总体的发展状况以及观众需求；广告市场调查主要包含对竞争对手、广告主广告投放量的调查；资本市场调查包括对频道收视盈利状况的调查。

2.确定节目的主题和目的

对于成熟的电视频道而言，电视节目的结构框架趋于成熟。但是如果针对某个特定时段、某个类型的节目进行研发的话，就需要先明确节目的主题和目的。明确的节目主题有利于研发人员尽快划定选题范围，尽快抓住重点并明确方向。

对于初步选定的节目主题，为了确保节目在制作过程中的连续性，就需要进行可行性论证。所谓的可行性论证，主要包括 6 个方面：数据和信息的可用性；研发计划的可操作性；完成研发的时间限制；研发团队的专业技能状况；研发资金测算；风险评估。①

3.创意的产生、整合实现

（1）创意的产生环节

创意的推进主要有两种方式：创意征集和行政推进。所谓的创意征集主要是指通过市场运作的方式面向一些创意者征集创意；行政推进更适合在一定组织内部以行政施压的方式强制节目部门拿出创意性节目。对于电视频道而言，显然后者具有更强的可操作性。所以电视节目创意主要靠电视节目从业人员主动发挥创造性，才能生产出具有新意的节目产品。

电视节目创意产生的目标就是让电视台内的创意机制激活电视节目从业人员的创意能力；而创意获得的目标就是力求经过一定的甄别之后，获得具有实践价值的创新想法。这就要求电视台建立起有效的创意激励机制来鼓励台内员工踊跃参与到节目的创新、研发中去。

① 范顺事.电视节目研发方法论初探[J].中国广播电视学刊，2013(6)：95-97.

(2)创意的整合实现

创意的整合实现应该包括以下流程:整合改造—制作样片—观摩反馈(含目标观众试看)—修改样片—试播。①

整合改造是创意生产完成后的步骤,在这一环节可以根据现实情况剔除创意中具有操作难度的部分。制作样片和观摩反馈是关键环节,样片决定了以后节目样式的可能形态,观众的观摩反馈情况有可能是节目收视率的前兆。在收到目标观众的反馈后,节目制作人员会进行部分修改,然后将修改后的样片进行试播。至此,创意的整合才实现了真正意义上的完成。

思考与研讨题

1.为什么要进行电视节目研发?

2.电视节目研发的步骤有哪些?

3.电视节目研发常用的方法有哪几种?

四、电视节目的发展趋势

电视节目的发展趋势是一个动态性的概念。所谓趋势,一定是站在某个时间节点上来观察。本节所探讨的电视节目发展趋势的逻辑起点是现时和当下的中国现状、中国电视媒体的现状以及中国观众的现状。

(一)强烈的参与互动性

所谓的参与性,是指电视观众对电视节目的参与性,它不仅仅是让观众的形象出现在电视画面上,而且包含有心理参与、现场参与和社交平台参与三个层面的内容。

1.心理参与

观众在观看电影或者话剧的时候受到的情绪感染,或者在阅读小说时被激起的对人物命运的关切,都是我们所说的心理参与。处在心理参与状态下的观众会把自己代入电影或者小说中,同虚拟的人物同呼吸、共命运。

① 王卫军.浅论电视节目研发的路径[J].电视研究,2010(6):53-55.

近些年的电视节目具有一个共同的特征就是“民生化”的发展，“民生化”在调动受众参与的心理方面有积极作用。以“民生化”为主要导向的电视节目面向观众呈现现实生活，因而更容易唤起电视观众在情感上的共鸣。

2.现场参与

现场参与有两方面的含义：一方面是指观众的现场参与感，这是建立在心理参与基础上的；另一方面是指观众直接参与电视节目的演出、制作或者播出。

直接参与电视节目的制作很好理解，那么什么是现场参与感呢？现场参与感是超越了地理概念的现场代入，观众在观看电视节目的时候感觉自己似乎就处在事件发生的现场，例如在观看足球比赛直播时，当自己所支持的球队取得良好成绩时，电视机前的观众会忍不住欢欣雀跃、奔走相告，似乎他们正在比赛现场参与庆祝活动。

3.社交平台参与

所谓的社交平台参与是电视观众目前最惯于使用的参与方式，这也是受众参与门槛最低的一种方式。受众可以通过微博、微信、贴吧话题贴等各种方式留言，表达自己对于电视节目的看法，主持人会适当选择一部分人的留言在节目当中播出。这是社交平台参与最传统的方法。

受众参与性的影响还体现在对电视节目内容的影响上，由用户主动发起的话题及由用户曝出的新闻事件，经过互联网的酝酿、发酵，最终在社会上形成影响力，而这些新闻话题或者事件又通常成为电视节目的内容选题，所以说受众社交平台参与的过程也是参与双方相互影响的过程。

（二）要娱乐也要底线

娱乐是人的天性。观众看电视的重要目的之一就是放松和娱乐，所以电视节目提供娱乐或者说用观众喜闻乐见的方式进行信息传播本没有错，但是过度娱乐、娱乐化和为娱乐而娱乐就错了。电视节目的娱乐化主要表现在：电视剧播出量日益增加，真人秀节目声势浩大，新闻娱乐化以及综艺游戏节目、竞技节目增加。

电视剧是吸引观众的很重要的一种娱乐节目类型。对于各个年龄阶段、各种性别、各个社会阶层的观众来说，总会有一部电视剧能吸引他们守在电视机前。各大电视台为了争夺观众资源，最大限度地增加电视剧播放集数，有的甚至从傍晚6点开始一直播放至晚间11点。除此之外，优秀电视剧被无间断地循环播放。以

《后宫·甄嬛传》为例，极端时期有安徽卫视、江苏卫视、黑龙江卫视、浙江卫视、河南卫视等几大上星卫视轮番播放。

真人秀节目从最初的全民来秀越来越偏向“明星秀”，最初是类似于东方卫视的《中国达人秀》《加油！好男儿》和湖南卫视的《超级女声》《快乐男生》等这种以普通人为参赛对象的选秀节目。随着真人秀节目的发展，仅仅把普通人打造成明星已经很难让受众持续关注，不少电视台开始推出明星真人秀，比如《我是歌手》《爸爸去哪儿》《星跳水立方》等。

新闻节目的娱乐化主要表现在内容娱乐化、制作方式娱乐化以及播报方式娱乐化三方面。内容娱乐化主要指新闻本来是严肃的、一本正经的，但是现在越来越多的电视新闻节目在内容选取上要么偏重于软新闻，要么在严肃的硬新闻中寻找娱乐元素；制作方式娱乐化主要指在制作节目的过程中增加娱乐元素，最明显的就是电视新闻中标题、解说词的娱乐性增加；播报方式娱乐化主要指新闻节目主持人播报新闻的语言港台腔化，甚至经常引用网络上的段子，代表性的节目当属河南都市频道的新闻脱口秀《打鱼晒网》。

综艺游戏节目脱胎于综艺节目，是一种大众广泛参与、以一定游戏规则为主导、综合多种艺术形式的电视娱乐节目。综艺游戏节目的出现使电视节目的高欣赏性被参与性、娱乐性取代，具有代表性的节目当属《快乐大本营》《欢乐总动员》。在这种游戏、竞技类节目中，明星艺人虽然是节目的主角，但是在节目组的安排下一改过去的本行表演，参与到游戏、竞技中，以各种各样的姿态出现在观众面前。

（三）制作的高度专业化

区别于长期以来重生产、轻创意、轻营销的“枣核型”电视节目生产方式，中国的电视节目制作方式向“哑铃型”结构快速发展。所谓的“哑铃型”结构指的是电视节目重视前期策划和后期宣传，中间采用流水线的规范化制作流程。这种结构的电视节目类型需要一支专业化的创作团队进行前期的调查研究决策、中期的节目制作和后期的包装宣传营销等工作。

前期的调查研究决策，与上一章节中的“市场调查”相似。正是经历了节目研发过程中的市场调查，决策人员对于观众的喜好、节目的定位才会有更好的把握。市场调查是一项烦琐的工作，从设计问卷、收集数据到 SPSS 分析，都需要具有一定统计学知识的专业人才。

节目的创意更需要一线人员具有长年累月的实践经验和瞬间的灵感。由于观众较之前更容易接触到外国的电视节目，所以对于国内电视节目的要求也更高了。从《中国好声音》开始，电视节目已经变成了创意和精良制作的竞争，二者缺一不可。合理的制作投入、有效的制片模式等电视节目至关重要的环节也都必须经由专业的制作团队来进行，这样才能避免电视资源的浪费。

节目的研发与后期的宣传营销紧密结合，如果说节目研发是根据市场需要而进行的提高收视率的制胜之道，那么如何把握市场规律、抢占市场先机就是电视媒体求生存的制胜之道。这种“两头大、中间小”的“哑铃型”结构最大的优势就是扩大了市场开发的空间。随着新节目的开发，与之配套的一系列服务应运而生。通过这种方式，电视节目不仅打开了市场空间，而且主动地创造了节目的市场需求，对于电视节目的盈利具有重要意义。

（四）高度的品牌化

杰弗里·兰德尔在《品牌营销》中描述道：“如果他们（目标客户和消费者）能够看出一种产品具有将自己与类似产品区别开来的独特个性，并且他们能够描述出这种个性和它所带来的无可匹敌的好处，那么这就是一种品牌。”[①]品牌是市场竞争的产物，在媒体融合的背景下，处于媒介边界日益模糊、职能逐渐整合的电视传媒市场当中，如果没有突出的品牌形象，就很难让观众形成高辨识度，最终只能被竞争对手打败。

电视节目品牌的内涵不仅是指节目外包装（名称、Logo、主持人、嘉宾、选题）足够炫目，更重要的是节目整体表现出来的社会担当、文化品位、风格特色能够唤起观众深层情感的共鸣。

1.电视节目品牌的特点

（1）弱稳定性

电视节目品牌首先属于文化产品，节目品牌的稳定性较弱。换句话说，电视节目品牌一直处于不断接受观众检验的过程中。和物质产品相比，电视节目品牌的消费更多地依赖于消费者的学识、文化素养等。这个特点就使品牌的不稳定性增强了。

① 吴超.电视节目品牌化新论[J].现代视听，2010(6)：49-51.

(2)品牌维持周期短

一般物质产品品牌的形成与推广比较缓慢,但是一旦形成,消费者的忠诚度就会比较高。以牙膏为例,一旦消费者认可了某一个品牌,在以后的日子里如果没有什么变故的话通常会一直使用该品牌的牙膏。而电视节目品牌则不同,电视节目依托于电视这个具有高关注度的传播平台,品牌的形成相对容易,一期制作精良的节目就可以成为观众茶余饭后的谈资,但是要维持品牌的高关注度也很难。

(3)品牌效应地域差别大

只要是文化产品,就都会受到消费者的审美水平、文化接受能力的限制,个体的差别对于节目品牌的接受程度影响很大,如在北方地区广受好评的相声艺术,在上海地区就遭遇了不被认可的尴尬。所以电视节目品牌的塑造必须要经历一个长期的过程。

2.电视节目品牌的塑造策略

(1)多媒体平台拓展影响力

一档电视节目从开播到赢得收视率是一个不断累积观众口碑的过程。鉴于电视节目品牌的弱稳定性,一档电视节目如果想要提高观众对品牌的忠诚度,就不仅要在节目内容、制作上下功夫,还要思考如何扩大品牌的影响力。以《非诚勿扰》为例,作为电视相亲速配节目,《相约星期六》已是前车之鉴,那么《非诚勿扰》如何获得影响力?

事实证明,媒体整合传播的优势功不可没。《非诚勿扰》自开播以来,节目制作方一方面在其官方网站、微博上对节目进行二次推广,对节目内容进行横向和纵向拓展;另一方面使社交媒体成为品牌外延的又一阵地,鲜明的形象识别体系经由社交网络病毒式传播,使《非诚勿扰》在诞生之初就拥有了品牌节目的辨识度。

(2)衍生品维持影响力

衍生品原是金融术语,通常指从原生资产派生出来的金融工具。电视节目的衍生品是由原品牌节目派生出的一系列实物、服务或节目的总称。衍生品的开发一方面扩大了节目的影响力,另一方面深入挖掘了电视节目市场,培育了新的利益增长点。

《中国好声音》在衍生品开发方面进行了电视节目行业的首次尝试,从周一到周日,除了《中国好声音》的首播和重播外,同时配有《好声音精华版》《好声音特别报道》在其他时间的滚动播出。除此之外，浙江卫视趁热打铁借力推出《大牌遇见好声音》，第一季度学员《重回好声音》等几档节目。

而更看重市场效益的湖南卫视则在2013年跨年时分开放下载由电视媒体出品、基于客厅用户的移动互联应用“呼啦”。随着国内智能手机使用人数的不断增长，湖南卫视最先把目光投在移动互联网社交应用上。“呼啦”利用湖南卫视在电视用户基数上的优势，突破时间与空间的限制，全方位扩大现代社交矩阵，在满足用户本身对社交、沟通的强烈渴望的同时，也延展了沟通宽度与深度的无限可能。

(3)经典元素保证风格

品牌节目的整体风格特色是观众在选择节目时的重要参考指标。整体风格特色主要包括节目组成版块、主持团队、组织规则和内容，这些元素共同构成了一档成功节目的品牌标志和整体质量标准。而在进行品牌延伸时，某些元素相同或相近的节目包装能增加品牌的识别度和显著性，观众看到风格与成熟品牌节目类似的名称、标志或其他形式的宣传时，能够产生本能的认同感，因此，保持节目经典元素的连续性是在品牌延伸策略设计时必须要考虑的重要原则。①

思考与研讨题

1.节目发展趋势的参与性具体指什么？

2.电视节目娱乐化的表现有哪些？

3.“哑铃型”的节目制作模式指什么？

4.电视节目品牌的特点是什么？如何塑造经典的节目品牌？

① 蒋昀洁，姜东旭.媒介融合时代电视节目品牌延伸策略思考[J].中国市场，2013(37)：31-33.

第二章　电视编导中的选题把握

本章要点

1. 电视片选题的普遍要求
2. 编导如何寻找选题
3. 编导寻找选题的常见错误

选题的好坏在某种程度上决定了一部电视片好看与否。尽管从理论上来说，什么都可以拍，但有的选题，编导稍微努力一下就可以拍出更好的片子，而有的选题，即便编导费了很大劲，做出来的片子仍然很难看。因此，如何选择题材就成了电视片创作中的首要问题。对于电视片的编导而言，选题是其要面对的首要问题。

第一节　电视片选题的普遍要求

从选题的实际操作层面来说，不同的电视播出单位、制作机构、栏目和节目定位对选题会有不同的标准和要求，但只要是进行传播的节目，只要是电视片，它的选题就必然会有一些总体标准和普遍要求。

一、时代要求与栏目定位

(一)时代要求

电视是一种媒介，这就要求电视片的选题，不论是新闻的还是娱乐的，在某种程度上都会成为某个时代的折射，刻上时代的印记，或者说，时代特征规定和制约着电视片选题的大概方向。

20世纪80年代末90年代初，我国兴起了一股政论片热潮，许多直到现在都还有影响力的电视片都是在那个时代拍摄和制作完成的，比如电视政论片《让历史告诉未来》，还有同类型电视纪录片《话说长江》。这些政论片都是时代发展的产物，因为这些片子有一个共同的特点，就是对中华民族和中华文明的反思，这与时代特点息息相关。20世纪80年代末到90年代初的中国正处于变革和各种思潮交融的时期，人们渴望活得更加透彻、更加明白，社会需要走出不一样的发展道路，这就不可避免地出现对历史进行总结和批判的电视片，可以说，许多片子的选题价值都体现在时代大潮中。

随着社会物质生活的丰富和发展，人们在满足了基本的物质生活需要之后，开始崇尚高质量的生活水平和新的生活理念，于是美食纪录片、旅游电视专题片等新型电视片种类异军突起。比如《舌尖上的中国》实际上就反映了当代人对美食的追求和向往，而美食正代表了一种积极向上的生活态度。此外，旅游卫视也受到了越来越多年轻人的喜爱，因为它传递出的是对生活的探索、追逐和享受，倡导的是自由、随性与轻松的生活方式。与此同时，社会进步带给人们的还有越来越大的生存压力和在城市中的局促感，人们对"身未动、心已远"的卫视 Logo 的崇尚正表达出其对生活质量和精神自由的向往。旅游卫视推出的电视专题片受到了观众的追捧和喜爱，比如《行者》中有一个名为《搭车去柏林》的系列，记录的是主人公谷岳和刘畅用三个月时间，从北京的后海出发，一直到柏林的布兰登布格尔门，一路上只依靠陌生人的帮助，共搭车88次，经过16 000多公里、13个国家，穿越中国、中亚和欧洲国家，直到柏林的故事。这部片子的主旨在于寻找一种内心的回归。片子中有一句"有些事，你现在不做，永远也不会去做"的主题标语，击中了时下许多年轻人的心——他们渴望看到这个世界上不同的生活方式，渴望从日复一日的钢筋水泥生活中解脱出来，渴望解放自己的内心。

（二）观众兴趣

时代要求事实上也反映了观众的兴趣，二者其实是无法分开的，上文的例子同样适用于这一点。生活在不同时代背景下的人们，对于电视片的兴趣是截然不同的，电视工作者也要意识到这种转变，做出适当的调整。

比如，中央电视台从2013年开始播出的大型直播特别节目《东非野生动物大迁徙》受到了观众的喜爱和关注，节目对野生动物的生存状态和相互厮杀的真实记录，事实上也满足了观众的猎奇心理。再如，《我是歌手》第二季开播后，湖南卫视深夜纪录片栏目《我的纪录片》，将镜头对准了参加《我是歌手》第二季竞演的歌手们，每集一个主人公，讲述竞演歌手台前幕后的故事和他们从艺以来的人生道路。这其实是具有一定针对性的，针对的是喜欢他们的观众和粉丝，同时又配合正在档期上的《我是歌手》第二季，因而形成了一种集群效应。但是，这样的做法不免有泛娱乐化的嫌疑，因为电视专题片应该具有一定的思考性和启迪性，而不仅仅是配合节目的应景之作，否则拍出来的电视片就会在质量上受到影响。

当然，若是一味迎合观众兴趣，就容易导致同质化、低俗化；但若要满足大众的审美情趣和欣赏水平，要达到较高的艺术水准其实也不容易，因为观众的水平参差不齐，很难统一标准，这就给电视编导提出了较高的要求。

（三）节目定位

节目定位是一个相对固定的概念，对于一档电视专题节目而言，它是核心，也是立身之本，同时还是培养观众收视习惯的重要因素，观众会因为这档节目拥有某种特点或者风格而坚持贡献收视率。

以《焦点访谈》为例，十年之前，老百姓从每天晚上七点开始，看了《新闻联播》就接着看《焦点访谈》，几乎将《焦点访谈》置于与《新闻联播》一样的地位上，不会轻易错过。至少在五年前，《焦点访谈》还是一档“用事实说话”并且以批判性社会拷问为主要内容的新闻节目。然而近些年来，节目自身的批判性逐渐减弱、宣传性逐渐增强，偏离了原来的节目定位和基调。著名新闻人白岩松在接受《南方周末》的专访时也谈到了这个问题，他说：“《焦点访谈》的舆论监督属性越来越弱了，因为整个舆论环境和整个社会各方面错综复杂的关系，它在舆论监督方面没有上升的势头，反而下降了，最惨的一年里，《焦点访谈》只做了不到60期舆论监督。”这也说明，最初让《焦点访谈》家喻户晓并且拥有核心竞争力的因素已经不见了，在舆论监督上的优势和垄断地位没有了，也就是说节目定位出了问题。

二、可见的对象

伊万·克里在《电视节目导演与制作》(*Directing & Producing for Television*)

一书中是这样举例的："相比探讨中美两国之间的贸易联盟所带来的经济影响，一个升腾在亚马孙平原的热气球显然更能够吸引眼球并且生产出更为震撼人心的图像。"这个例子虽然有些无厘头，但说明了一个质朴的道理：虽然有的内容更适合在报纸、杂志上表现，但在视觉媒体上我们更需要的是享受呈现出来的影像，影像是一个生动而直观的媒介。其实，并不是说探讨中美两国贸易联盟的选题就不能被搬上电视荧屏，而是需要一个可视化的载体来让片子更好看。①

（一）抽象的对象必须有可见的载体

可见的载体是电视片能否被受众接受的直接影响因素。从 2013 年开始，《壹读》杂志开始做视频短片，壹读科普系列一经推出就得到了网友的推崇，网络传播速度极快，其中，《领导人是怎样炼成的》《新鲜的中央政府》等短片幽默生动地为受众讲述了中国的政治体制等，把本来很抽象的概念说得清清楚楚，而且让观众看得津津有味，这其中就涉及抽象对象可视化的问题。视频制作者深刻地意识到图像的重要作用，将可视化发挥得淋漓尽致，例如在《官员升迁时刻表》中，卡通小人结合数字比例的做法让人印象深刻；而在《领导人是怎样炼成的》中，领导人的一步一步升迁被可视化为一个一个台阶，中国领导和美国领导被可视化图像包装成了站在中南海和白宫前面的两个卡通人物，这些都形象、生动地将不同政体导向的不同政治道路反映了出来。

（二）电视编导需要培养可视化思维

所谓可视化思维是指电视编导在实际工作时，每当听到或想到某个事实，就要立即考虑它的视觉表现形式，比如《新闻调查》的经典片子《透视运城渗灌工程》想要表现运城的渗灌工程是面子工程、豆腐渣工程，只靠人嘴来说是不能够让人直观感受的，所以主持人兼记者王利芬用自己的手将掩埋在土中露出一截的管子拽了出来，观众通过这个动作就会直观地发现土地里根本没有管子，露在外面的管子其实是渗灌根本不可能完成的。这个例子看似是对记者素质的要求，但实际上是对电视编导的要求，因为在实际拍摄过程中，编导是可以预设场景、预设动作的。例如《舌尖上的中国》（第一季）第一集《自然的馈赠》，在采松茸的香格里拉原始森林中，导演组为了表现山林的资源丰富，特意提前在菜市场买了一大捧野生菌插在山

① CURY I.Directing And Producing For Television[M].Focal Press，2002：207.

林中，并置于镜头前景，让主人公单珍卓玛的脚步在后景走过，这种安排虽然在业界产生过一些争议，但整体来说是可取的。编导如果只用画外音表达“这片雨林物产资源丰富”的意思，观众可能不会直观地感受到，因为他们并没有真正看见；而如果进行这样的预先设计，就可以让“可能事件”变为“必然事件”。但需要注意的是，这种预先设计需要建立在真实的基础上，比如这捧被人为安排在镜头前的野生菌，确实是普遍生长在这片原始森林里的，只是为了方便拍摄而为之，是在可接受范围内的。

能否拍摄，涉及能否找到相关的影像资料、文字资料和实物资料等。要找到这些资料，编导可以通过采访相关人士，或者运用解说加画面等方法来实现。有一个公式可以借鉴：

- 事实
  - 可以实拍
  - 不能拍摄
    - 有资料
    - 无资料
      - 可以采访
      - 无法采访：解说加画面

第一，资料包括影像资料、文字资料、实物资料等。

第二，编导在采访时要考虑采访对象、内容、环境等要素。

能否找到和确定合适的采访对象是决定电视片成败的关键一环，一方面采访对象必须是与事件有直接关系的人，另一方面采访对象必须适合电视节目的拍摄特点和传播性质，如不惧怕镜头、善于还原事件原貌等。比如，《新闻调查》中曾有一期揭露艺考黑幕的专题片——《命运的琴弦》，因为片子本身属于揭黑性质，所以对于片子逻辑的严谨性和证据的确凿性要求是非常严格的，若是没有一个事件当事人愿意站出来说话，那么片子本身的魅力就会大打折扣。值得称道的是，这部片子的编导找到了中央音乐学院的老师同时也是音乐学院艺考负责人之一的二胡表演艺术家宋飞，她不畏惧事情被捅出之后自身可能会遭受到的种种威胁，愿意将真相说出来，增加了这期节目本身的说服力和真实感。当事人出现在镜头中，这其实就是一种对可视化的实践。

第三，编导如果要用解说，必须同时考虑负载解说的画面。

许多电视专题片说理性较强，有时并没有画面来匹配解说，这时编导可以考虑运用其他手法进行补充，例如象征、隐喻、空镜、风景等。中央电视台《新闻调查》中有一期节目名叫《谁动了我的隐私》，讲的是现代社会中人们个人隐私难以被保护的问题。片子其实并非以某一具体事件为主要对象，而是讲隐私保护这一大的话题，话题较为抽象，不容易进行视觉表现，摄制组采用了象征的手法来隐喻个人隐私被侵犯的问题，比如剥皮香蕉、削苹果、脱衣服等画面，来弥补画面资料的不足。

此外，片子中多次警示世人要保护个人隐私，强调个人隐私被泄露后可能产生的危险等，这些也都是用可视化的语言来展现的，比如，被上了锁的门与透明鱼缸里游动受限的金鱼都是无声的语言和暗示。

三、新鲜性

观众看电视的普遍心理是想看到不一样的事和不一样的人，这种新鲜性就要求电视片要呈现那些人们不熟悉又普遍感兴趣的不同寻常的事情全貌或事情的某一方面。

（一）从陌生中体现新鲜

这一点不难理解。所谓"新鲜"，是平常人们不会关注到的人和事，例如纪录片《藏北人家》，关注的就是西藏北部游牧民族的日常生活，对普通人来说，藏北人民是陌生而又神秘的，同时观众对他们的生活方式和情感世界也充满好奇。片子从观察视角拍摄措达的放牧生活以及牧民们的饮食、起居、婚姻、祭神、审美、剪羊毛、嬉戏、跳舞等活动，真实记录了藏北人民独特的生活方式。对于广大观众来说，他们对牧民们的生活认知是新鲜的——亲人们互相涂抹酥油、妻子为措达带上临行的食物、答谢帮忙者的一顿饭、一天两次的祭神等。再比如纪录片《幼童》讲的是一个半世纪以前由清政府派遣、留美深造的幼童各种悲欢离合的故事，若不是这部片子又一次将这段尘封的历史打开，还有多少人会记得这群天资聪颖却又命运多舛的人呢？这就是在陌生中体现新鲜。

（二）从特殊中体现新鲜

这是指深挖他人想挖但还没有挖到的材料，寻找他人想用但还没有用过的角度。编导不要认为许多人都拍过的题材就没有再拍的必要，或者认为就算拍摄也体现不出新意，其实恰恰相反，越是大家看似很熟悉的题材，越能够打动人心。比如，曾经获得过“美国电视艺术与科学学会金奖”的纪录片《走得更近》，关注的就是艾滋病。与常规性的选题不同，这群来自美国哥伦比亚大学新闻学院的学生并没有选择与艾滋病病人聊天或者采访艾滋病病人陪护者等方法，而是将目光对准了在母体中就带有艾滋病病毒的小孩子，这是一个特殊的角度，故事就是围绕着这些小孩子展开的。他们采访抚养小孩或者曾经给予过这些被遗弃的孩子们爱与力量的人们，然后再由孩子过渡到他们的妈妈身上，他们的妈妈中有的已经失去了行动能力，无法承担起抚养他们的义务，从这样的角度，我们看到了艾滋病人群更多的心酸、无奈与无助。

这部片子接下来的走向同样让人出乎意料：片子并没有停留在煽情并不断刺激人们脆弱的神经上，而是将重点放在了“社会应该为这些艾滋病病毒受害者做什么”的议题上，实际上是将片子的主题又深化了一层，这也就是新闻专题选题时的“第二落点”。相比之下，腾讯视频曾经出品过一部描写中国失独家庭的电视专题片《空巢一生》，不可否认，该片将失独父母的代表笛妈等人物及叶子黄了等场景刻画得感人至深，让人看了以后痛彻心扉，但是，片子后半程没有找好“第二落点”，仅是反复地堆砌痛苦和绝望，而没有上升到失独家庭的生计和对导致如此多失独家庭出现的历史因素、政策因素等问题的探讨。作为一部质量上乘的电视专题片，这样的题材铺陈是有些遗憾的。

(三)从及时性上体现新鲜

这是从新闻角度选择电视片题材，把生活中刚刚发生的事情报道出来，直接触及社会最敏感的神经。国内中央电视台新闻频道的杂志类新闻节目《新闻 1＋1》《新闻周刊》《世界周刊》是在这方面践行得较好的节目，每期节目都将最近一周的国内外时事做一个杂志化的总结，并提出自己的观点，结合评论员与主播的相互交锋，使节目具有可看性。它及时对新近发生的事件进行总结与分析，从及时性上赢得了先机。

历史性事件、重大突发事件、难得一遇的场景所引发的事件等，都是可以考虑的电视片选题。比如，记录香港回归全过程的纪录片《香港回归全记录》，是北京电视台纪实类节目《档案》在 2012 年推出的电视专题片，该片详细记录了香港政权交接仪式、解放军驻港部队进驻香港、末任港督彭定康离去、撒切尔夫人与《中英联合声明》等当年香港回归的细节，以及一些历史性时刻，具有很大的收藏价值和文献价值。

四、普遍性

一名优秀的电视编导，在面对一个新选题时，首先要以他特有的新闻敏感性确定它究竟会带来什么样的社会效应、它的新闻价值有多大、它的审美价值有多高；其次要看它是否具有典型意义，是不是社会普遍存在、群众普遍关心的人和事。普遍性越强，这个选题就越值得拍，选题的价值也就越大。

（一）人们普遍都会遇到的问题

比如教育、医疗、住房、交通这些问题，是我们常说的民生和生活问题，关乎每一个人的生存。这样的选题或者选题方向，关注的人必然会多，普遍性也必然会很强。因此，不管什么样的电视节目，要想让更多人看到，就一定要在选题上具有普遍性。

中央电视台王牌调查类节目《新闻调查》在选题方面十分重视普遍性，其节目主题涉及社会生活的方方面面，如政府职能、食品安全、毒品、青少年犯罪、贫富差距、生态环境等。例如，关注 8 000 多万农村留守儿童心理教育的电视片《双城的创伤》，以一名自杀的 12 岁小女孩为切入点，层层深入，不仅暴露出留守儿童在心理教育方面缺失的问题，也揭示出农村学校教育的严重缺位和教育质量的低下等问题，引人深思。再比如，《焦点访谈》中有一期名为《难圆绿色梦》的电视片，讲的是一位名叫徐治民的老人种树治沙的故事，老人一辈子辛辛苦苦才将内蒙古达拉特旗的一个叫园子塔拉的荒漠治理成了一片郁郁葱葱的树林，却因为某些人不考虑长远的环境因素而只图眼前的经济效益，肆意把树林承包出去，使树木最终被破坏得七零八落。这样的社会现象，也引起了人们对于环境和经济利益的思考。

《快乐生活一点通》是一档在全国 92 家电视台联合播出的生活服务类电视节目。节目以“快乐一家人”室内情景剧的形式展现：三代同堂的五口之家、其乐融融的生活氛围、原汁原味的生活场景都被真实生动地搬上了荧屏。节目形式活泼，内容丰富，百姓生活中的小发明、小窍门通过快乐家庭的日常生活被一一呈现在荧屏上，使观众在轻松幽默的家庭氛围中便可学到简单实用的生活窍门。由于该节目的风格与生活贴近，选题定位老少皆宜，因此成为北京电视台生活频道的王牌节目。

(二)人们普遍都会有的情感

人的喜怒哀乐、悲欢离合的情感并非现在才有、中国独有,而是全人类都有的,是永恒的,具有很大的共同性。电视片的选题应该多关注这些人类共同的情感,即这些蕴含了人类普遍生存价值和道德意义、能引起人类普遍共鸣的情感,这样的选题才会吸引更多人的关注。

天津电视台的《爱情保卫战》聚焦现实情感,讲述的是恋人之间爱情矛盾的故事,深刻诠释了"解决情感问题,保卫爱情"的和谐主题,在取得高收视率的同时,也获得了很好的经济效益。

伊朗电影《纳德和西敏:一次别离》是阿斯哈·法哈蒂(Asghar Farhadi)导演的一部作品。导演用冷静客观又充满关切的镜头风格,展现了当代伊朗人在亲情和宗教生活方面的纠结,该片荣获 2012 年第 84 届奥斯卡最佳外语片奖和第 61 届柏林电影节金熊大奖。伊朗电影与中国电影同样面临审查的高压,而这部投资成本仅 30 万美元的电影,没有大腕影星加盟,不经繁杂的特效制作,却能获得极高的赞誉,正是因为它用人性的温度抓住了所有观众的心。

五、复杂性

电视片的选题为什么要有复杂性?原因很简单,第一,因为人和事本身大多是复杂的;第二,因为观众都喜欢看复杂的事和复杂的人。

观众一边信奉做人要"简简单单就好",一边却迷恋复杂的人。做简单的人,意味着纯净、易懂,不带有任何自我冲突,但现实中那些有魅力的人却是具有矛盾性的人,如口吃的国王、胆怯的英雄、贞洁的羊脂球、悲伤的周星驰。伊丽莎白·泰勒以她的复杂性赢得了观众的喜爱,她身上存在着当代女性种种复杂和动人之处。2011 年她去世的时候,《纽约时报》曾刊发过的一篇讣闻,让人对她生命的复杂程度产生了深刻印象,其中一点就是,伊丽莎白·泰勒给人的感受是性感、充满活力,"但骨子里她又是艳俗的,就如同她对于璀璨首饰的钟情。她说,我知道我很庸俗,然后以典型的直率回敬影迷,你说我还有什么其他办法?"泰勒的流行,是因为她将许多属性——美貌、肤浅、严肃、放荡、高贵和庸俗,都融合在一起。从某种程度上说,她的魅力来自"无法简单描述"。这些混杂的特性构成了她的独特吸引力。像她的一个好朋友在她死后所说的:"飞机、火车都为伊丽莎白·泰勒停止,但公众依然不了解她究竟是怎样的人。”这就是复杂的魅力，这样的复杂正是电视片的选题方向之一。

（一）曲折的人物经历

相对于那些简单的、平淡的人物，观众更喜欢曲折的人物经历。曾获得奥斯卡最佳纪录片奖的《寻找小糖人》记录的就是一位人生经历很传奇的人物。美国底特律民谣唱作人罗德里格斯于20世纪70年代初在美国发行过两张反响平平的专辑后便销声匿迹，有传闻说他在一个小酒馆演出结束后自杀于舞台上。然而，在相隔一个大西洋的南非，这位名不见经传的歌手的知名度竟可以与滚石乐队相媲美，他的专辑畅销十几年，而他本人对此却从不知情，一直做着蓝领工人，做着普通得不能再普通的工作。片子一直以寻找他为看点，一段神秘的传奇故事就这样展开了。这样曲折的人物经历本身就很吸引人，更为难得的是，片子在整个铺陈过程中一直采用悬疑式拍摄手法，调查性质浓厚，并且注意抓住动态的拍摄过程，即片子的关键点、转折点，比如从寻找小糖人（片子主人公）到找到小糖人，从发现主人公到追踪主人公，再到南非开巡回演唱会，以及呈现主人公在南非的巨星待遇，这些对于片子前后部分来说，是有明显转折的，也就是注重了信息的动态推进，这不仅增加了片子的可看度，对人物命运来说也增添了几分曲折性。

（二）深刻的思想内容

人的复杂和事的复杂有可能带来思想的复杂。对一部电视片来说，选题在思想上的深刻性，也是选题复杂性的体现。纪录片《最后的山神》就是一部饱含人文思考的片子，该片通过一家鄂伦春人的生活反映出整个鄂伦春民族的生活习俗。这种以小见大的手法让片子的主题显得更深刻。片子还通过孟家人与郭家人生活的对比，凸显出社会的发展给鄂伦春人的生活所带来的变化，但同时也让他们逐渐丧失了一些民俗文化，发人深省，给人一种“片子看完了，思考却不会停止”的感觉。

电视片《藏北人家》蕴含了深刻的思想内涵。它所要传达的是藏族人民真正的内心世界，让我们身临其境地感受到草原上的生活：母慈子孝、夫妻深爱、亲人间互相关怀，在这里，人与人的关系是这么纯净、透明、质朴、自然。片子传达给我们的是一种和谐的人文环境，倡导的是我们共建美好生活。片子以蒙太奇手法不断重复措达一人独坐的镜头，使我们更加接近他的内心，也更加接近藏族人民的灵魂。

为什么藏族人民在这个物欲横流的社会还能保存这份纯净？那是因为他们仍保存着人类最美好的品德：智慧、勤劳、坚强、虔诚与知足。

这与上一节中所说的选题复杂性也有关系，复杂往往深刻，深刻往往直击人的内心，充满人文性。《最后的山神》同样如此，它表达的是对神灵的敬畏，对自然的尊重，也是对正在消逝的少数民族文化的祭奠与缅怀，因而是一部极具人文关怀的纪录片。

电视片的选题应该直接关注人，应该着重反映人的生存状态、人的性格与命运、人与自然的关系、人对宇宙和世界的思考。以人为核心以及题材必具人文性是电视片的显著特点，并且其主题往往指向更深层和更永恒的某些方面及层次。

当然，复杂的人和事、复杂的选题容易引起观众的关注，但是，编导必须要把这个复杂的事和人说清楚、讲明白，否则，任你选题再复杂，矛盾冲突再多，观众也不会喜欢。

第二节　编导如何寻找选题

一、来自上级的布置

由于特殊的历史和政策，我国的电视媒体都是在国有体制下运行的：电视媒体配合完成各级党和政府的中心工作，完成上级布置的各种选题，比如各类工作会议新闻，各类配合党和政府工作的专题，各类周年庆典节目等。而从另一个角度来看，上级政府的中心工作很多关乎国计民生，这些选题本身也是老百姓所关注的。所以，上级布置的选题也可以是很好的选题，也可以拍出很好的电视片来。

当然，这类选题的政策性和导向性较强，编导在操作的时候，不能简单地念文件，而要发挥自己的主观能动性，自上而下领悟精神，然后再自下而上找具体的点，做到上下结合、点面结合；同时，还要注意不要刻意拔高，要用事实说话。

二、来自其他媒体

新媒体的出现为电视片选题取材提供了更多的渠道和更方便的信息获取空间，但有一点值得注意，由于新媒体具有低门槛的特性，其信息来源的真实性不能保证。其实，承载信息的媒介并不是最主要的限制因素，主要还是看素材本身的质量。

从其他媒体中发现的选题，一旦进入操作阶段，一定要注意三点：第一，要再进一步调查，核实关键信息；第二，要进行视听语言的策划，体现声画结合的传播特点；第三，要选择新的角度，不能简单重复原来的内容。

三、来自生活中的发现

艺术源于生活，电视的选题同样也源于生活。日常生活中有取之不竭的选题，关键在于编导有没有发现选题的眼睛和处理选题的能力。

1999年，美国电视艺术和科学学会金奖颁给了一部以作者自己的家庭为选题来源的片子。片子创作者以自己妈妈的一生为主题，这位妈妈是一名三项全能比赛运动员，在一次常规训练中被一辆汽车所撞，离开了人世。这部片子的选题就来源于编导生活中与人的一次闲聊。

不论是自己身边真实的故事，还是来自与别人的闲聊，选题就隐藏在生活中的每一个细节里。所以，电视编导要有较为宽广的人脉、拓宽交际领域，才能"眼观六路、耳听八方"；与此同时，电视编导还要多与人聊，多问人，甚至还要在各行各业培养"线人"，让他们提供选题。

四、来自观众

电视节目要善于从观众那里获取选题，要建立起观众向栏目反映生活中所存在问题的平台和机制。观众反映的这些问题中有一部分就是很好的节目选题，而且一旦被做成片子，就一定会非常接地气。

其实，不论是电视台的节目，还是专题片，都离不开观众提供的线索，因为艺术来源于民间，故事更是来源于民间，电视工作者永远不能割裂与普通观众的联系，永远不能摆出高于观众的心理姿态，否则即使有好的选题，也拍不出好的片子。

五、来自共同策划

（一）做"季节性"选题

作为电视人，首先要有一张特殊日历表（重大节日、纪念日、人物日志、季节变化等）；其次要有一定的选题敏感度，在特殊的日子可以做相关的视频总结。例如，在每年的5月12日，可以做对汶川地震的纪念与反思方面的纪录片；又如流感肆虐时，媒体工作者可以做各种流感的总结电视片；再如，每年年末，包括新浪、搜狐、腾讯在内的国内各大门户网站都会做岁末盘点，这些电视专题片也都是网友眼中的一盘盘"好菜"。

2013年年末，中央电视台推出的公益专题片《回家》，就是编导抓住岁末年关的时节和中国人渴望团圆的心理，精心策划并拍摄完成的电视片。该片包含4个部分：《63年后的团圆》《过门的忐忑》《迟来的新衣》《家乡的滋味》。其中，《63年后的团圆》讲述的是台湾老人李景春自10岁时离开上海到台湾后便与哥哥李景秋分离，再没回过故土，而63年后的春节，老人才得以踏上寻亲团圆之路的故事。这部电视专题片的高明之处在于它抓住了中国人过年回家的心理，将中国人回家的历程演绎成一部部心灵史并具体到个体的生命身上，该片所挑选的两岸骨肉重聚、广东摩托车返乡潮等回家主题非常具有典型性和代表性，也使这部电视片成为电视片选题之典范。

（二）策划媒介事件

李彬在《传播学引论》一书中这样写道："依照通常的理解，媒介事件专指历史学家丹尼尔·波尔斯丁所说的'伪事件'，即有意安排的、非自然的人为事件。比如，记者招待会、公关活动、揭幕剪彩等，都属此类。这样的媒介事件，都经过人为的安排，专供媒介报道之用。不过，我们讲的媒介事件远远不限于伪事件，事实上，我们是把所有经过大众媒介传播的事件统称为媒介事件，不管它是人为制造的伪事件，还是自然发生的真事件。"

另外，美国学者丹尼尔·戴杨（Daniel Dayan）和伊莱休·卡茨（Elihu Katz）在其著作《媒介事件》中对该概念进行了重新界定："媒介事件是指'一种特殊的电视事件'，即那些令国人乃至世人屏息驻足的电视直播事件——主要是国家级的，这些事件是'电视仪式'或'节日电视'，甚至是'文化表演'。媒介事件有三种主要的叙述形式，也称'脚本'，即'竞赛''征服'和'加冕'，它们决定着每一事件内人物角色的分配以及扮演的方式。'竞赛'强调竞争双方的对抗性，如奥运会比赛、总统竞选等；'征服'指人类具有巨大飞跃意义的事件，'征服者'通过自由意志的行为实现对已知极限的超越，如宇航员登上月球，柯受良驾驶汽车飞越黄河等；'加冕'则完全是仪式，如皇室婚礼、总统就职等，它向观众讲述它的象征意义，引导观众按规定的思路进行意义的解读。”

华中科技大学新闻与信息传播学院的陈先红、孙利昌在2005年第2期《南京邮电学院学报》(社会科学版)发表的一篇名为《媒介事件对电视广告创意的影响》的文章中称：“媒介事件是指一种具有公共领域性质的议题事件。具体地说，媒介事件就是对那些具有公众性、公开性、公益性和公共性的重大事件，运用各种媒介如报纸、广播、电视、网络等，进行聚焦式、全方位、密集型直播报道。事件本身的重要性和影响力是使其成为媒介事件的前提条件，而媒介的广泛参与则对媒介事件的形成起到了推波助澜的作用，两者的相互作用决定了媒介影响的范围和强度。”

第三节　编导寻找选题的常见错误

一、跟风

有些编导在选题的处理上只会跟风，东施效颦。别的电视台、别的节目热播什么内容，他就跟着做什么选题，如中央电视台的舆论监督类题材火，他就天天拿着偷拍机到处拍，做舆论监督；江苏电视台城市民生题材热播，他也每天跟着拍所谓的民生；更有甚者，有些电视编导只能跟着其他媒体的后面找选题，报纸上登什么，他就拍什么，只是做一个简单的电视呈现而已。这些都属于选题上的盲目跟风，这种跟风现象会严重伤害观众，进而伤害电视节目的发展。发现选题的能力是编导重要的能力之一。只有发现的，才是原创的；只有发现的，才有可能是编导想拍的，也才有可能拍好。因此，编导要杜绝选题上的盲目跟风。

二、唯上

政策指令确实是许多优秀电视专题片诞生的契机，但是过犹不及，不能只拿着上面的红头文件做命题作文。也有许多优秀的纪录片既能反映社会现实，又符合政策规章，这才是充满智慧的做法。纪录片《乡村里的中国》的导演焦波在片子公映前，曾在中国传媒大学办过小型试映会，会上他曾经这样评价自己的片子：“我的片子是上级指令和自我意志中和的作品，这里面有我的无奈，也有我真实的想法，我在尽量做一个平衡。”的确，在片子中，焦波导演呈现了农民的生计之艰，又没有跨越雷池而使片子过于敏感，可以说是政策指令限制下的佳作。

三、唯奖

电视片的拍摄目的应该是为观众提供信息、满足观众某种需求并为社会提供启迪，绝不是得奖，但是由于电视专题片行业的激烈竞争以及行业垄断，许多电视人偏离了拍电视片的初衷，以追求奖项为拍片子的目的。如果抱着这样的目的拍片子，那么能否拍出真正踏实、有内涵的电视片，着实令人质疑。

获奖是顺其自然的事、是结果，对于电视专题片而言，过程更为重要。也就是说，电视编导要有对"电视片的发展模式是否科学、拍摄观念是否及时更新"等这些问题的思考，只有有了这些过程性的思考，结果才不会太差，过于注重奖项，则本末倒置。其实，电视片的种种画面留在观众的心里，让观众回味无穷，比一纸奖状来得更有意义。

四、无所作为，找不到选题

只要拥有选题来源的诸多渠道，找不到选题的问题也就迎刃而解了。一些编导找不到可拍摄的选题，原因主要有以下两种：

第一，应付差事，功夫没有做足。许多编导对拍摄任务敷衍了事，并没有真正到民间去寻找选题，也没有多留心那些值得进一步挖掘的人或事，有的甚至怕麻烦直接放弃了本来很值得去完成的选题。例如央视的某频道片花中有一个名叫《小丑》的电视小片，片子中，一个喜欢将自己扮为小丑的人开了一个花店，他给人送花时虽然都穿着小丑装，但内心却快乐且满足，他向陌生人微笑、打招呼，他说这是他不扮小丑时绝对做不到也不好意思去做的，他用最真诚的服务去让每个客人满意。这虽然是一个简单的故事和一个简单的人，但却是一个很好的电视片素材，传递出浓浓的正能量和人性向善的一面，如果不用心去挖掘，又怎能发现？

第二，创造力不强，不能从身边的生活中发现价值。例如曾经在央视播出后获得很好反响的学生作品 *Family*，这个短片没有任何人物故事，也没有依附于任何事件，一切都生发于作者自己对于家庭的理解，即对父母的爱和父母在自己成长过程中不同阶段的不同特点的理解。创作者以英文单词 Family 为基本原型进行变形，将这个单词中的"F"比作 Father，"M"看成是 Mother，"I"比作是"我"，这个变形又符合一个家庭的发展规律——父母对孩子无私的爱和责任、子女应尽的责任和义务，这些都在无言之中被表现得淋漓尽致。由此可见，电视片选题是一种“发现的艺术”，只要用心，就一定会有所发现。

思考与研讨题

1. 电视片的选题有哪些普遍特点？
2. 电视编导应该如何寻找选题？
3. 选题和素材是否一样？为什么？

延伸阅读

找新闻选题的20种方法[①]

（王卫明　南昌大学）

在新闻报道领域，选题是指

——值得报道的选题（采访开始之前）

——计划拍摄的选题（编导 报选题）

——正在制作的新闻（部门主任 报选题）

找选题＝找新闻；筛选题＝选出特别值得做的选题，放弃暂不值得做的选题。

具体来说，找选题的方法至少有以下20种：

一、向本单位同事要选题

1. 上级指定或安排选题

2. 向编辑要选题

3. 向新闻热线接听员要选题

4. 向资深记者要多余的选题

二、靠自己寻找选题

5. 通过“扫大街”用眼睛发现选题，通过“盲聊”从别人口中发现选题

进社区、市场，进村、店、厂，进校园（寝室、办公室、教室、实验室、会议室、报告

① 本文已获作者引用授权。

厅、音乐厅、体育场馆、图书馆、食堂、广场），进基层，到被别人遗忘或忽视的角落……

多与人聊，多问人，多想问题，在闲谈中捕捉信息。

6. 从自己经历的事中找选题，但不要写成作文，须以第三方立场采写

7. 从自己身边的事中找选题，从同学、亲友、老师（研究成果）、保安等人群中得到选题

8. 培养线人，让线人提供选题

广发名片，广泛接触社会上的人（各个单位、各个行业），广交朋友，发展相当数量的信息员，诱之以利，动之以情。

9. 从即将发生的事件中找选题

10. 抓"第一"新闻（第一次出现或者发生）

11. 从各种"变化"或"不变"中找新闻

12. 从各种"成功"中找新闻

13. 从各种"问题"中找新闻

抓"社会热点"，抓棘手的"老大难"，抓群众中有疑点的问题。

14. 将以前的新闻与最近的同类新闻做对比报道——故地重游，故人重访

15. 将以前报道过的新闻变换报道角度

16. 做"季节性"新闻

要有一张特殊日历表，如重大节日、纪念日、人物日志、季节变化等。

17. 从网上找新闻

浏览各类网络信息，进入政府网站、公司网站、学校网站、聊天室、BBS、名人博客、微博、微信朋友圈、各类新闻客户端等，看看最近网民在关注什么事情，哪些帖子是点击率最高、跟帖最多的。

三、通过看报纸、杂志、广播、电视或上网看新新闻，从同行那里找选题

18. 从异地媒体的近期新闻中找"雷同选题"

19. 寻找已报道新闻的"第二落点"

经常看报、听广播，从刊登出的一些小消息中找新闻线索，仔细采访，彻底挖掘，小稿做大。

20. 寻找已报道新闻的"落地"选题

第三章　电视编导中的构思设计

本章要点

1. 电视编导的各构思环节
2. 创作脚本的写作

所谓“构思”，就是要解决怎么把选题转换成具体的工作内容。选题解决的是“拍什么”的问题，而构思解决的是“如何拍”的问题。

编导拿到选题之后，首先，要选择一个主要想表达的主题和内容，并将其转换成具体的问题，找到可以具象化的素材；接着，进行前期调研，一点一点地印证或者推翻前期的想法；然后，在这些工作的基础上，写出清晰的脚本，这样做一方面是对投资人负责，另一方面也让自己和团队的工作更有序；最后，才是现场拍摄。

第一节　电视编导的构思环节

一、主题

（一）主题的意义

主题，是指文艺作品中所表现的中心思想，泛指主要内容。

主题的确定在选题之后。在片子创作之初，编导拿到的是选题，选题是一个非常宽泛的概念，通常只能说明要做的片子是关于什么的，而主题则是编导所要明确的选题视角、侧重点以及价值评判标准。

(二)主题的重要性

同一个选题拿给不同的人做,就会找出不一样的主题,如同把同一个问题拿给不同领域的专家来解答会得出不同的结论一样。因为他们看问题的角度和解决问题的方法都是不一样的,会自然而然地带上各自领域看问题的方式和风格。

"选题"的范围很大,概念很空。我们需要找到一个坐标系来衡量和把握选题。所谓的"坐标系",其实就是一个片子或者一档节目的价值标准和认知事物的角度。一个选题可以有很多重看点,编导可以从新闻热点、社会问题、人文关怀等各种方面去选择角度,而选择的标准则会体现一档节目或者一个摄制团队的价值观。

对于电视人来说,主题是切开选题、把握核心的突破口,这个突破口除了会体现编导破题的角度和看问题的视角外,还会影响到编导对内容的取舍和侧重。

(三)如何寻找主题——"我想讲一个什么问题/现象……"

主题是创作的起点,也是创作的终点。

编导可以去想一些比较大、比较抽象的点子,不过最终应该落到一个问题或者现象上。选择一个小的切入点才会有一个踏实的立足点,最终得出有深度的落脚点。

编导所选问题或者现象应该具有一定的普世性,应该让更多的人理解、感受,而不只是一个人或者一小波人的狂欢。电视节目的思想是占主导地位的,后面的形式、技巧、手法都只是处于从属地位。

案例精选:从食物切入与从网购切入

《舌尖上的中国》(第一季)就是最好的例子。它选择的切入口很小,就是每个人生活中都离不开的东西——食物。这些食物不是山珍海味,也不是粗茶淡饭,而是每个人都觉得有滋味、每个人又都可以接触得到的那一类美食,如一条鱼、一块年糕……表面上看,镜头里展现的是这些美食,但背后却是七十多岁的吉林"鱼把头"对鱼和海放不下的深情和记忆,以及对一家人团圆的追求;是浙江慈城的外婆交到小孙女手里的自己钟情一生的一块糯米年糕和对小孙女绵绵糯糯的慈爱……其实虽然叫大型高清美食纪录片，记录的是美食，但美食的背后却是中国人的喜乐忧愁和人生哲学，其中所蕴含的家庭、亲情以及爱的概念是没有国界的。

再比如，记录中国网购发展现状的电视片《网购图志》是从属于一个以“中国故事”为主题的电视系列片的。《中国故事》旨在通过对中国社会、政治、经济、文化各方面故事的解读，树立崭新的中国国家形象，发挥良好的国际传播作用。显然，这个“中国故事”是一个非常大并且非常抽象、难以把握的主题，所以编导应该从大主题里选一个角度让自己的思维切出来，同时要明确电视系列片的整体定位，并兼顾分集思路的个性与整体性的统一。于是，编导把“中国故事”进行了拆分，将这样一个超大主题切分成经济、文化、教育、军事这样的大版块，而编导王冰笛又在经济的版块下面选择当下中国最为热点的电子商务——“网购”这样一个小主题进行切入，进而再在网购的小主题里找到属于中国的个性化味道和视角。网购的主题虽小，但从国家的大视角来看，中国的制造业占了世界上总产值相当大的比例，而中国电子商务的发展对世界的影响也是举足轻重的，因此谋篇布局要具有全球化视野。

经过这样的思维过程，这个主题在大、小视点上就被打通了，不管是在宏观主题层面还是在微观主题层面都是合理的。只有这样，编导在创作的过程中才能收放自如。具体来说，主题的得出基本上有两种情况：

1. 主题先行

这种情况常发生在专题片的制作中，拍摄任务来自上级的指派，从一开始目的就比较明确，主题也会比较确定。如果拍摄契机很特殊，比如当下某一社会现象很热或者某一社会问题很严重，那么，出于媒体最原始的“把握社会脉搏”的职责，编导也需选择有助于社会稳定和进步的主题。

2. 由素材得出主题

有时可能一开始主题并不明确，或者说有几个备选的主题让编导难以取舍，这时候，编导可以把它们都暂时保留，多条线去探索，在比较各条线的可行性和多方面意义之后再做考量和取舍。

此外，编导在寻找主题的阶段还有关键的一点需要注意，就是画面。电视的最大优势是它能以令人欣赏的方式显示活的事实，这一切都来源于电视的灵魂——画面。对于电视来说，画面永远是第一位的。而编导在选择用什么样的画面素材表现主题时要充分考虑两点，一是信息量，二是观众的欣赏趣味。

编导最终要把第一阶段得出的抽象主题隐藏起来，把它转化为实实在在的故事，并用画面讲好故事，以便让观众自己来获得观点。

二、目标

目标和主题是分不开的。目标一定是在主题大范围里的一个非常明确的点，只有这样，编导才不会在后期遇到困难时不断地纠结自己到底在忙些什么。

编导也许最初的目标只是做成一个收视率高或者受观众欢迎的好节目，但是如果主题是涉及人和社会生活的，那么目标就有可能慢慢变大。到最后，目标已经不只是收视率了，而是为受众或拍摄对象的生活带来一些真实的变化——或许是为贫困学生筹一笔不低于某个数额的善款，或许是为一群被正义忽略的人求一次再审，或许是为抵制不合理的转基因食物争取正面、直接的立法……

韩国有一个叫《亚西亚，亚西亚》的综艺节目，这个节目把艺人送到陌生的地方跟当地人一起劳作。编导最初的目的只是将当地的原本面貌展现给观众，但最后却改变了一项法律。《亚西亚，亚西亚》某一期的选题是跟东南亚国家的旅韩劳工一起劳动。按照韩国的法律，这些东南亚劳工最多只能在韩国待三年，但是为了多赚一点钱养家，他们往往不得已选择在韩国非法停留。然而，这却成为有些雇主在酬劳和行为上压榨他们的工具。制片人探望了这样一位艰难养家糊口的劳工的母亲，并且把她接到了韩国，制作成节目的惊喜环节。意料之外的是，节目首播的第二天，韩国的国会议长便给电视台局长打电话，说自己被前一天的节目感动得落泪，希望能帮助这些劳工。最终，这项法律在六个月内被修改。

跟电影不同，电视作为大众传播媒介，天生就要承担更多的社会责任。在当下“娱乐至死”的大环境下，电视不能为了收视率而忽略自己原本的责任。在2011年11月的“杨武妻子被强暴事件”报道中，媒体表现出来的猎奇心态以及文笔措辞间的暧昧下流让人汗颜。而2014年年初的东莞扫黄报道也存在娱乐化倾向，尤其对不合适的细节的极尽描写更是让人反思。这对于电视媒介来说都是非常不合适的。对娱乐的一次次让步，最终的结果就是沦为黄色新闻。因此，无论是拍摄电视片还是电视新闻，电视人都应该谨记自身的社会角色和社会责任。具有积极的价值观、可行性和明确的目标不仅是一种追求，也是电视人的自我提醒。

总之，目标比主题更加现实，它的存在是可以看得见、感受得到的。

三、定位

在构思片子时，编导始终应该坚持受众本位的思想。

电视与电影不同，电影导演可以追求个性，但是电视编导却不可以。电视的受众年龄、背景、教育程度参差不齐，但大家都是最普通的"大众群体"。做出来的片子应该是让大家愿意看、喜欢看并且留下一些价值的，如果这只是创作者的一场自嗨，那便是对大众传媒资源的浪费。

编导始终要想着观众的感受，然后据此去把握片子的"轻重程度"，无论是伦理、惊悚，还是俗气、赞扬，等等，编导的每一个创意和发挥都应该控制在合理的范围内。

中央电视台在2014年年初做过一期"东莞扫黄"的专题报道。原本"扫黄"行动只是当地公安部门每年例行的一项工作，按理说央视的扫黄报道也只是一次常规性的报道，然而，暗访的央视记者一方面对卖淫嫖娼行为的细节极尽描写和放大，言辞之间不乏猎奇、窥视的意味，使得广大网民对记者的行为非常反感；另一方面，对镜头的处理也极不成熟，镜头不仅对失足妇女正面拍摄，而且画面没有打上马赛克，这种情况实属工作事故，于是，观众被触怒了，不仅反感记者的暗访，而且在情感上也自然而然地靠向了弱势群体（失足妇女）。此外，记者忽略了新媒体在观众群中的力量，糟糕的报道和对观众的触怒，使得观众的情绪第一时间在微博、微信等新媒体平台上爆发、反弹。可以说，暗访记者的语气、方式，对弱势群体的处理，以及新媒体的力量等原因共同导致了这次专题报道的失败。这次报道不仅没有实现引导社会正向发展的初衷，还引起观众的反感，归根结底，就是编导对观众不了解。

在真正开始制作一个片子之前，清楚地了解目标受众及他们的收视习惯，有时候看似不起眼，却很重要。如果编导制作出来的片子观众不喜欢或者根本就不需要，那么这个片子的前景一定不会太乐观。

四、前期调研

确定了片子的主题和目标之后，编导接下来应该考虑的是如何去实现它。

这里涉及一项工作，就是前期调研。如果说确定片子的主题和目标是回答“我要什么”的问题，那么前期调研就是回答“我如何得到我要的素材”以及“有一些我原本想要的素材，会不会可能无法得到”的问题。

其实很多人都会去提“前期调研”这个概念，但是在实际操作的时候，大家并不一定都知道前期调研具体要做哪些事情。

（一）获取多方面信息

1. 观察环境

编导到达拍摄现场时，首先应该仔细观察一下周围可供拍摄的东西，如景色怎样，是否适合加到片子中去，是否可以作为空镜头使用，作为空镜头使用是否会有表意功能等。

除了景色外，还有光线。编导需要提前注意当地的光照情况，团队来拍摄时，太阳的位置如何，附近的建筑是否会影响到光照，当然还涉及拍摄时的天气。除此之外，编导还要注意会带来影响的人造光源有哪些，团队带来的布光设备可以怎么布置等。最好的确定方法是当下就拍几个环境镜头试一试，并且可以留作素材，因为编导也无法预计这些素材什么时候就可能用得上了。

还有一种需要注意的情况是行政许可。有时候编导可能要进入一些特别的地方进行拍摄（比如政府、军事机构等），可能会干扰到当地人的正常生活和工作（比如会占用街道等），也有可能需要到国外进行拍摄，这些都要提前与相关部门沟通好并且取得对方许可。

（1）与人交谈

到达现场之后，编导已经可以并且应该试着去拍几段素材了，不仅拍景物，还要拍人；不仅要拍片子的主人公，还要拍各种各样的当地人。这里所指的“与人交谈”，跟后期正式的采访是不一样的，即便采访对象很有可能就是其中的某一个。此时的交谈侧重的是前期信息的收集，虽然聊天内容可能没有直击预定的主题，但很可能会激发出新的灵感、启发和信息。

一方面，也许编导会遇到采访对象。“与人交谈”有助于编导从对主题的抽象认识转换、落实到具体的人物与事情上。这里所说的“人物”，不是符号化的人，也不是神坛上的人，而是具体的、有个性的人；而这里所说的“事情”，不是流水账似的记录，而是有冲突、有矛盾、有波澜、有意思的事情。

如纪录片《请投我一票》(*Please Vote for Me*)，讲的是湖北武汉市常青第一小学某一个班级采取民主投票的方式竞选班长的故事。竞选班长这样的故事几乎在每一个人的学生时代都发生过，我们看到这样的情节不会有距离感或者陌生感。三位主人公也仿佛就是我们年少记忆里的某某同学：许晓菲，一名乖顺、不善言辞而不具威胁力的女学生；成成，一个天性活泼、有着演讲天赋的挑战者；罗雷，以暴力管理班级的现任班长。他们表演、辩论、拉票，而他们的父母也纷纷为自己的孩子出谋划策，于是，成人世界的法则向儿童世界入侵，造势、诋毁、贿选……每一个环节都像是成人世界的选举。片子不是要指责孩子，而是为了呈现成人在孩子的成长过程中有意无意带给孩子的影响以及在他们的人生白纸上所留下的笔墨。这些并非高大全的故事让我们忍不住去反省，因为我们知道，一不小心我们就会成为其中一员。

另一方面，各种各样的人会带给编导各种各样的“惊喜”。在与人交谈时，编导要抓住特点和细节。一个特点鲜明的被采访者会使片子更顺利，并且收获额外的表现力。

《舌尖上的中国》(第一季)第一集《自然的馈赠》的分集导演任长箴在选择松茸部分的主人公时，她来到当地松茸交易的市场上，观察着来来往往的村民。她一眼就看中了单珍卓玛，“每一个人交易完拿到钱都非常开心，只有单珍卓玛满脸凝重，我知道她是有故事的，我知道她就是我要找的人”，任长箴回忆道。

细节往往是感染力的来源。在《新闻调查》的《羊泉村的记忆》这一期中，片子的最后，当老奶奶回忆完被日军强征做慰安妇的往事，重新经历了一次曾经不堪忍受的痛苦后，老奶奶隐忍又羞耻地无声痛哭。此时，年轻的记者将自己的手覆在了老奶奶布满皱纹的手上，轻轻地抚摸。这一个特写仿佛把老奶奶的颤抖和痛苦传递给我们每一个观众：年迈的生命迟迟等不到正义和歉意，年轻的我们应该如何安抚长辈的痛苦和历史的沉痛？

在每一次采访、对话结束时，不要忘记向采访对象表示真诚的感谢并且取得他们的联系方式，与他们保持联系，这样做不只是为了获取后期的信息，更是为了持续地关心他们的故事。所以，不要仅仅把他们当作工作伙伴，更要把他们看成朋友。

(2)搜集资料

这里需要的资料包括文字、图片、影像、物件等，任何对编导了解选题、素材内容有帮助的背景资料都应及时收集。

编导拍摄的内容可能涉及任何领域，但是过去的积累和学习可能很有限，这个时候就需要编导做充分的资料搜集和知识储备工作，例如中央电视台推出的系列纪录片《幼童》就是这方面的范例。《幼童》讲述了清末时期中国最早的几批留学生在国外留学时的故事。背景资料的收集跨越了中国、美国、英国等几个国家，时间的跨度也比较大，需要编导有丰富的近代史知识。另外，《幼童》还发掘出了留学生们的爱情故事、与外国学生划船比赛的轻松浪漫的故事。通过这些故事我们才知道，在大清帝国日益衰落的情况下，远离家乡的中国幼童还能在美国组织起棒球比赛，而且其中很多人后来成为国家的栋梁，例如哈特福德高中棒球场上的最佳投手梁敦彦后来成为大清帝国的外务大臣；安道夫学校棒球队的梁诚后来成为大清帝国的驻美公使，并且促成了美国退还部分庚子赔款；身材矮小的幼童邓士聪跑起来像只小猎犬，躲闪起来又敏捷得像猫，后来他成为北洋舰队旗舰定远号的炮务二副……这些充满色彩的故事让沉重的历史有了别样的生命力，这都与编导细心、用心的前期资料收集工作密不可分。

(二)培养“视觉思维”意识

除了缜密的准备计划之外，编导还需要有严谨的“视觉思维”。这个阶段编导其实已经掌握了大概的情况，并且可能已经获得了一些采访素材。不过，即使是从专家、学者等具有专业背景的人那里得到的素材，编导也不要因为觉得权威就原原本本地挪用。电视有另一种语言，编导需要自己先消化后，进行删减取舍，再把决定留下的东西转化为电视的语言，最后用影像的方式呈现出来。

对于已经观察到的东西，编导可以为它们提前准备“衣服”——某一个场景或者物体比较适合“穿”什么样的景别、景深，可以设想一下大概的顺序。更重要的是，有些比较个性的“模特”，编导要为它们设计一些“特制的服装”——特殊的镜头。特殊的镜头有时候需要编导去寻找不寻常的拍摄位置，如拍摄大俯角需要选择高的位置，而机器可能会用到六轴飞行器、传送带和轨道等，这些都是需要考虑的。有一部关于中国网购发展现状的电视片叫《网购图志》，编导王冰笛在正式开拍之前就对拍摄场地非常熟悉，也明确知道自己要什么，在后来创作拍摄脚本时甚至已经想好了每一个镜头的景别、角度、变焦和镜头先后顺序……由此可见，编导其实在拍摄之前心里已经有一个小成片了。

电视的可贵之处在于它能够以让人欣赏和享受的方式提供信息，所以它可能不擅长去表达抽象、引人思考的东西；但是它能够表达具象的、动态的、生动的及特别的东西。

最后必须要提的是，前期调研有一个默认的规矩——编导一定要亲自参与。有的编导觉得前期调研或者简单或者麻烦或者低人一等，所以不愿意参与，而是交给助理甚至实习生。但是要解决问题的负责人是编导，助理和实习生没有编导经验丰富、信息全面，而专家学者这样的外援对电视的掌控力又不及编导，因此编导一定要亲自参与前期调研。总之，对于一个要掌控全局的编导来说，只有对情况了解得越全面、越清楚，目标才会越明确，后期的工作才会越顺利、越轻松。

五、组建团队

前期调研结束后，编导会清楚地知道如果要完成选题，让它从一叠纸变成一个片子，需要多少人、哪些人。编导要去申请或者邀请所需要的人，既让他们来听已做好的方案；也要耐心地向他们解释想要做的东西，并清晰地说明各自的责任和权限，语言不要夸大也不要含糊暧昧。编导要用策划方案和片子本身的吸引力来说服他们加入团队，只有这样才能最大限度地减少后期合作中的摩擦，提高整个团队的工作效率。

在实际操作中，电视的制作团队一旦形成就会比较固定，因为大家总是喜欢跟合作成功过的熟人继续合作。比如韩国 SBS 电视台的综艺节目 *Running Man*，这档节目从主持人到导演、制作团队就是曾经的 *X Man*（属于 SBS 电视台）的原班人马。

相对固定的班底意味着相对稳定的团队、制作风格和作品水准。可以说，固定的团队既是质量的保证，同时也能延续作品的特色，从长期来看，就会形成团队的个性，甚至品牌。

六、了解局限

(一)时间的局限

在组建了团队之后,编导应该对工作效率有一个预估,并且可以预估完成全部拍摄需要的时间。

编导应该思考哪些因素是可控的,哪些因素是不可控的,怎么调整资源布局才能不超时完成任务;如果无法解决超时问题,是不是需要对内容进行取舍,还是要跟投资方或者媒体单位协调延长拍摄时间、增加预算等。此外,编导还要清楚,制作时间的变化会直接影响到后期的宣传和发行工作。

在安排拍摄日期时,编导应该尽量确定拍摄对象的时间和日程安排。比如,周末的时候,摄制组可能难以在拍摄对象工作的地方找到他,因为这是他的休息日,而摄制组如果要拍摄工作状态中的拍摄对象,就必须要避免选择这样不合适的时间段;再如汽车站、火车站这样的敏感位置,在人流高峰时段有可能不允许拍摄,或者即使允许也无法进行拍摄,所以一天的实际拍摄时间会大大缩水。

另外,千万不要低估设备移动所需要耗费的时间。电视片的摄制组通常是一支相对庞大的队伍,而他们的器材更是无法想象的巨大负荷。当需要转换场景时,指挥和调动这样一支庞大的队伍往往要比想象中难得多。聪明又懂节约时间的编导会提前做好人员的安排工作,这样就可以在摄制组迁移的环节为拍摄节省出时间。

白领们朝九晚五的上下班时间与电视片的摄制组基本无关,摄制团队需要尽量去配合被拍摄对象的时间,以拍到真实的素材。此外,编导还需要知道,工作人员在夜晚的工作效率跟白天是不一样的。作为摄制组的"头儿",编导要去体贴工作伙伴,为拍摄工作制定合理、合情的工作时间表。

(二)经济的局限

在前期调研结束之后,除了人员,编导还可以确定的是片子所需要的器材和成本,所需要运送的工作人员、拍摄器材和成本,所需要租用的场地和成本,所需要的团队和人力成本……所有的一切加起来应该被控制在预算范围内,不要超支。

比较影响预算同时又不可预测的一大因素是天气。像酷暑、严寒、雨雪、大风等这样的恶劣天气，一方面会对工作人员的身体和心理形成一种考验，降低整个团队的拍摄效率，延长拍摄时间，增加拍摄成本；另一方面，也会影响拍摄机器的工作性能，降低电池的使用寿命，甚至给敏感的视频设备造成伤害。一旦出现拍摄机器损坏的情况，不仅要支出一笔数目不小的维修费，还会延长拍摄时间，增加拍摄成本。此外，在运输的过程中如果碰到恶劣的天气，也会增加运送成本，耽误拍摄进度，增加拍摄成本。

从上文的叙述中我们不难发现，时间的控制与预算的控制是分不开的。大卫·K.欧文在《影视短片制作与编导》中谈及时间安排时写道："分解镜头＝时间＝进度＝预算。"他还介绍了两款软件——EP Scheduling 和 EP Budgeting。EP Scheduling 可以用来大致编辑拍摄日程和进度安排，而 EP Scheduling 得到的数据可以被 EP Budgeting 用来分享制作预算。EP Scheduling 和 EP Budgeting 的数据之间相互连接、同步变化，非常方便。

总之，在策划初期，编导应该大概掌控每天拍摄的内容量和每天需要使用的资金数额，做到心中有数。

第二节　创作脚本的写作

写作创作脚本是让构思想法凝固的过程。

《纪录片编导与制作》的作者 Alan Rosenthal 是一位经验丰富的纪录片编导。他认为脚本是一种"建议书"或者说"导演阐述"，是用来让某些人确信编导有一个很好的创意，并且编导自己知道如何去实现这个创意的底本。它应该着眼于实用，而不用太在意规范；其功能在于说服，不是介绍然后让别人去判断，而是要让别人认可编导的判断。

然而，在中国，由于专题节目的投资方一般是拍摄团队所属的电视台，所以脚本更侧重于给工作人员做操作手册而不是说服投资方来使用。

不过我们还是可以区分一下，从脚本的对象上分，如果是给投资方用的脚本，内容阐述上应该尽量简单，而预算阐述要细致并且尽量精确；但如果是给工作人员用的脚本，内容的阐述和操作手段阐述就要专业、细致，预算反倒可以虚一些，只要让工作人员有个大体的概念，在操作中不要过分超支即可。

一、脚本内容的写作

写作脚本内容时可不必太过在意格式等外在问题，因为创作脚本的存在只是为了让所有的工作人员都知道自己正在做什么、应该做什么以及如何在现场工作得心里更有数、更踏实。

宏观上，脚本的内容应该包括：

首先，对全局的宏观把握。这是为了让所有工作人员都知道团队所要拍的内容。编导应向团队其他人粗线条地解释一下所要拍的片子的主题和主要叙事线索（主要内容），粗线条解释即可，因为在拍摄的过程中到处都是未知因素，编导可能随时会迸发出新的灵感，所以具体的操作应该根据现场的情况来灵活调整。

其次，跟管理人员确认日程安排等涉及进度和成本的问题。这其实跟艺术创作的关系不大，但是编导毕竟要对整个团队的工作状态负责，所以一些现实的问题要提前准备。与上一个脚本内容不同，这部分脚本内容越细越好、越精确越好。

最后，落实细节。这是依据国内的情况，针对工作人员而创作的脚本。现在的节目在制作中通常有两类编导，一类是执行编导，另一类是后期编导。事实上，在这两类编导之上还会有总导演或者总编导。而脚本的内容就是针对他们的职责进行区分的。如果从相对细节的角度来区分的话，脚本的内容可以分为以下三个部分：

（一）拍摄部分

脚本的拍摄部分主要是服务于执行编导的。执行编导的责任是在拍摄现场管控节目的前期拍摄以及所涉及的一切事务。脚本的拍摄部分就是告诉编导和摄影师、灯光师、录音师等工作人员需要拍哪些镜头、每一个镜头具体要怎样拍。

脚本的拍摄部分包括：镜头序号、语言（同期声）、景别、角度、画面内容等。需要注意的是，如果是在室内进行，那么演播室的布置也会影响到拍摄的设置。

（二）编辑部分

脚本的编辑部分主要是服务于后期编导的。后期编导的职责是为后期编辑人员制定和确认大体的剪辑方向。在实际工作中，后期编导也需要跟组拍摄，这样在拍摄素材的同时就能大概确定后期剪辑的大体思路和方向，并且根据剪辑师的建议去协调前期拍摄还应该补充或舍弃计划中的没有或多余的拍摄任务。所以脚本的编辑部分在拍摄的过程中也会一直被修改、完善，并且这样的工作会一直持续到后期剪辑的环节。

因此，脚本的编辑部分应该包含大概的剪辑点、需要的特效以及镜头的顺序，等等。

（三）解说词部分

以前的编导，尤其是电视专题片的编导，非常喜欢先写解说词再配画面，这是完全错误的思路。电视的思维方式一定是影像优先的，解说词的功能只是在必要的时候稍做补充，完善形象报道，去弥补画面无法拍到的失误或者去点破一些需要助力才能完成的写意，即引导人们的思路、诱发人们的想象，使电视片更深入地表达主题。所以，电视片的解说词一定是画面的从属，应该先用画面搭建起一个故事，再用解说词来稍做修饰。脚本的解说词一定不能喧宾夺主，承担过多的叙事功能。

需要注意的是，解说词部分应该在后期剪辑完成后再来制作完善，因为解说词在前期并不是主要的，原则是画面优先。

编导在实际操作中很可能会出现几类兼任的情况，所以不要把脚本的这三部分内容割裂开，因为它们不管在内容上还是形式上都彼此相连、不可分割的。

二、脚本的写作格式

美国编剧协会规定了标准的脚本撰写格式，每一页脚本的内容容量大约等于屏幕上一分钟的容量。所以，每一页脚本包含的工作量差不多，所需要的拍摄时间也差不多。但这也不是一定的，如果某一页脚本设置的镜头拍摄难度比较大、拍摄技巧要求比较高的话，需要的拍摄时间就会相对长。脚本的格式与短片类型、对白空间、动作幅度、用纸的长度等一系列的因素都直接相关。目前，在电子化作业的环境下，常用的编写脚本的软件有 Final Draft、Movie Magic Screenwriter 和 Celtx Studio 等，后面的两个软件还可以与日程和预算软件相连接。[①]

不过，对脚本的认识不要太过死板。脚本的个性化比较强，它存在的意义就

① 雷，欧文.影视短片制作与编导（第 4 版）[M].陈强，译.北京：清华大学出版社，2013：3.

是让编导心里更有数，工作的时候更有条理，所以编导在进行脚本写作时不用太刻意追求格式，关键是要能提高工作效率，提升团队的工作水平。不仅是在格式上，编导在内容上对脚本的认识也不应该死板，不需要将所有的事情都事无巨细地写在脚本上。为了获取更多的创作灵感，编导反而应该给脚本留有更多空间。因此，脚本上应该写的是大纲性的内容，是比较粗线条的，并随着拍摄的进展不断修改。

思考与研讨题

1. 请说说主题对一个电视片的意义。
2. 电视片的构思需要考虑哪些方面？
3. 创作脚本是越粗略越好，还是越细致越好？

延伸阅读

电视专题《网购图志》构思方案①

（王冰笛　新华社）

主题：以一次网上消费的过程，带出鼠标点击的背后及产业链上从前至后、从上到下的各色人物，包括消费者、创业者、就业者、物流快递员等，进而展示电子商务给中国经济、社会以及普通个体带来的巨变，呈现中国电子商务时代的“清明上河图”。

中国是世界互联网网民的第一人口大国，也最有可能成为全球互联网第一强国。2011年，电子商务占中国GDP贡献率的13%。网购的本质是打破时间、空间的资源再分配，这对拥有庞大制造业且地区发展差异性突出的中国来说尤其适用。网购不仅改变了中国人的消费方式和消费观念，也给中国制造业的产业升级带来无限可能。

① 该文已获原作者使用授权。

电视片拟采用5—8人(应涉及各个层面的人:企业高层、农民、白领、孩子、外国人)作为讲述对象,采用发散式叙事结构(叙事、剪辑可凸显互联网非线性特点和碎片化精神),人物彼此有隐性关联,如物流快递员本身是社交网站用户,或一群由网络社区或网络活动集结起来的人们,或通过婚恋网认识的两个人,等等。通过网络对他们生活的巨大改变(或实现自己价值,或找到工作、伴侣,或改变自己的人生观念),展现中国互联网对人、对行业、对社会、对国际的巨大作用。

结构:

第一部分:电子商务改变人的消费习惯

案例:"淘宝控"和她的家人 两种购物模式的战争

第二部分:电子商务影响中国制造的命运(C2C)

案例:淘宝村网商(网络创业者与就业者、产业链)

第三部分:电子商务的"最后一公里"(B2C)

案例:凡客快递优质服务 制定网购市场新的行业标准

内容:

(1)引子

13年前,北京、上海、广州举行了一次网络生存实验,参与者被分别关在房间里三天三夜,每个参加实验的人会给总额3 000元的现金和信用卡,加一台电脑,他们生存、生活所需的一切都必须在网上购买。实验的结果:几乎没有人能在网上买到御寒的被子,有人饿了22个小时之后弃权退出,多数人在网上买的东西并不能在三天内收到。不久,中国第一批电子商务网站几年间纷纷沦为先烈。在当时看来是一场闹剧的生存实验,却成了今天大多数中国人最真实的生活状态——"宅"。试问:还有什么是在网上买不到的?(网上装修、租房、团购……)

(2)消费者

"淘宝控"莉莉是一个生活在北京的宅女,她的几乎一切生活资源都来自网购,吃、穿、用、社交、工作都离不开网络。(讲事例、摆数字:网购年龄、线上线下消费比例、上网时间)

和她截然不同,她的父母选择用传统的方式买一切物品,做对比实验:父母和她买同一种商品花的时间、精力、价格。她通过网购给父母买到一件他们买不到的商品(特殊家电、生日礼物等),父母也开始学着网购。

跟踪莉莉的一次消费行为，比如买一件衣服：普通消费者并不知道，一次鼠标点击完成下单的背后，有多少人、多少工种及经过怎样的工作流程，才可能把这件商品最终送到她的手上。

(3)草根网商

莉莉在众多店铺中选择了一家义乌的店，这是一家“五皇冠”的店。皇冠代表销量，五冠相当于50万笔交易积累的信用，店主叫杨甫刚(义乌工商学院创业班毕业生，草根创业者，27岁)，他依靠义乌过剩的中国制造商品和电子商务创造的新市场，白手起家。他最早用助学贷款上学，偷偷卖过废品，用借来的自行车到小商品城进了他的第一单货——一个充气凳子，如今他的店铺年销售额已过亿。从0到这个数字，他只用了三年。电子商务创造了新的市场，新的机会被他抓住。

在义乌工商学院，皇冠还代表学分。校长受到这个成功创业的优秀学生的启发，在学校中建起了创业班，提倡创业式教育，学生必须在网店达到一定的销售额等级才可以毕业。

同样抓住新机会的不只杨甫刚，还有义乌的“淘宝村”——青岩刘村。就在莉莉浏览网页的时候，她并不知道眼前这些物美价廉的产品背后，是一个城市庞大的产业链在高速运转：义乌小商品市场，“淘宝村”一条龙的摄影、模特、网页设计、纸箱、胶带生产商……电子商务给这个村带来一条全新的产业链。

在中国农村，当大多数人正在看电视的时候，有一群人却守在电脑前，通过旺旺销售自己的产品；当许多人还忙着外出打工的时候，有一群人已经回乡自己做起了老板，并开始雇佣上千外来人员为自己打工。青岩刘村汇集了全国淘宝金冠店家(销售超过50万单)的10%。电子商务改变了农村面貌，青壮年返乡，经济结构发生变化，给青岩刘村带来每年8亿的盈利，极大地促进了就业。淘宝网2011年创造了250万个直接就业岗位。

(4)物流

最终，莉莉并没有选择杨甫刚的店，而是选择了一家叫凡客的网上服装品牌。因为凡客承诺24小时送货，无条件退货。

物流，这是电子商务马拉松的“最后一公里”：如何提供最快、最好的客户体验，对品牌至关重要，唯一和消费者真实接触的就是快递员，消费者很容易因为糟糕的快递体验而迁怒于店家，比如损坏、态度和退换货问题。所以，强大的B2C电商纷纷选择自建物流。

刚刚成为凡客如风达快递员的小凡，每天对着镜子练习微笑，这是他的必修课。他送货的这个网上服装品牌叫“凡客”，意思是普通人。他很骄傲，因为老板告诉他，他就是品牌的代言人。早晨，小凡先打电话询问顾客是否在家，然后骑车上路。穿梭在北京街道，放眼望去，满街都是网购的广告。小凡每天骑电动车赶七八十公里，步行近10公里，爬楼30多趟，每天送件300件。网购的蓬勃兴起，带动了快递业的发展。2015年，中国快递业务量达到61亿件以上。

快递员小凡把包装成精美礼盒的物品送到莉莉家门口，微笑服务，询问试穿，很多消费者会先买不同型号、颜色的同款服装，试穿之后把不合身的全部退回，甚至穿过的衣服在30天内都能无条件退货。优质的快递服务，增加了用户的黏性，反过来又促进消费。消费者反向定义物联网品牌——是大众造就了凡客。

小丑花店小丑送花；快书包最快9分钟送货上门服务；麦当劳帅哥服务员送餐；21克蛋糕店快递员送蛋糕……这就是人们喜欢网购的原因，电子商务时代普通消费者真正成了“上帝”，享受着足不出户、童叟无欺、物美价廉的服务。

十几年间，中国电子商务沧海桑田。无论是网民的量级、网商的命运，还是物流的成熟，都发生着巨变，在互联网时代，消费者成为真正的“上帝”。

第四章　电视编导中的取材设计

本章要点

1. 电视片取材中的真实性
2. 电视片取材的技巧
3. 超常规视角画面的拍摄

电视编导是电视片创作集体的核心和领军人物，更是现场拍摄和采访方面的总设计、总指挥。电视行业内有着“七分采访，三分编辑”的说法，可见电视片编导前期在现场对画面和声音的选取和采集所具有的重要作用。现场取材是前期非常重要的基础性工作。为了后面剪辑工作能够更加顺利地开展，编导在拍摄现场时必须尽可能多地拍摄有用的素材，将“困难前置”。那么，作为一名合格的电视编导，在拍摄现场时取材依据是什么，现场取材的技巧有哪些，对于超常规视角的画面我们又该如何使用，这些都是本章所要讲解的主要内容。

第一节　电视片取材的真实性

一、新闻真实性

真实对于新闻来说至关重要，真实是新闻的灵魂。没有真实，一个事件就不具备成为新闻的基本条件。不论是广播、报纸，还是电视、网络，真实都是做新闻纪实类选题必须要遵守的一条基本原则。

（一）新闻真实性的定义

新闻真实性指的是新闻报道中的每一个具体信息必须合乎客观实际，即出现在新闻报道中的时间、地点、人物、事件、原因和经过都应该经得起核对。新闻必须真实，这是一切新闻传播媒介应该遵循的工作原则，不仅要求现象的真实，还要求本质的真实。电视最大的优势就是可以利用现场的画面和声音，充分表现事件的真实。追溯到源头，编导需要从现场取材环节就严格按照实事求是的标准来采访收集。

（二）电视片的真实性

纪实是一种尊重生活的记录形态。电视专题片要求“真实地再现真人真事”，也就是说，真实性是电视专题片的本质特征。在前期拍摄过程中，拍摄者（摄影师）应该根据事先确定的主题进行取舍，选择一些与主题密切相关的事件，抓住富有揭示意义和价值的镜头，对一些必要的事件进行深入拍摄，用画面反映拍摄对象的内部世界，表现事物的独特性。

电视画面的实证性使那些凭空捏造的假新闻难以生存。电视片所追求的真实往往处于动态和与各方利益的博弈之中，是一个逼近和抵达真相的过程。最能让人信服的事实真相，就是那些来自新闻当事人或者目击者的口述。电视呈现的真实是“电视化纪实”，追求真实记录是电视编导永远追求的目标。在编导眼中，事实与真实就如同两条无限接近的渐近线，虽然很难相交或重合，但是编导们一直需要尽最大努力去接近事实。真实，体现着“传播”与“到达”的距离。

背景延伸

凤凰卫视记者从接受采访任务时就会把话筒和摄像机打开，边走边说边记录，这既保证了过程的真实，也保证了现场的真实，有时候对背景声音的记录也能实现较强的真实感。（《电视新闻：与事件同步》第34页）

1. 电视片的“真实性”和“真实感”

真实性，是客观事实的真实，是客观存在，是第一性的，也是编导在根源上要坚持的。真实感，是观众对电视片的反应和感受，是第二性的，往往带有编导制作节目时受到的制约，属于传播效果的范畴。有时候，拍摄的素材是真实无误的，但是由于受编导表现手段的制约和一些外在因素的影响，真实的事件经过“摆拍”“补拍”“扮演”等拍摄手法，反倒把真实的事件拍假了。还有些情况明明是假的或者不存在的，但是经过编导的一番“选择”，假的也变成了真的。这两种情况都是不可取的，“真实性”和“真实感”需要统一。

案例精选：事实与“真实”

图 4-1 这幅漫画充分表现了电视编导在拍摄取材时所做的选择和“减法”。真实的情况是右边的人手持尖刀追赶左边的人，但经过编导或者摄像师的选择之后，镜头中呈现的却是左边的人手持尖刀刺向右边的人。镜头里的画面和事实情况完全相反，大相径庭。由此可以看出，编导在现场取材时必须坚持的一个原则就是实事求是，真实是每个电视记录者应该始终追求的目标。

图 4-1　事实与“真实”漫画

当下，《爸爸去哪儿》《花儿与少年》等真人秀节目十分火爆，最主要的原因就是这些节目给观众带来了强烈的“真实感”。但这与电视专题节目所要求的“真实性”完全不是一个概念。电视专题节目既要求“真实性”，也强调“真实感”，即从拍摄现场和取材的源头就要记录真实发生的画面。而真人秀节目所表现的桥段、事件和路线都是编导在前期设置好的，只是为了给观众带来“真实感”，使观众感觉“真实”。

2. 影响电视片取材真实的因素

“真实”是电视相比于广播、报纸、网络来说所具有的最大优势。“真实”来自现场，如新闻事件现场、谈话现场等。电视是一种视听语言，因此，影响电视专题片现场真实的元素包括视觉元素和听觉元素。所以，编导必须保证现场拍摄的画面真实和声音真实。

首先，现场取材的视觉元素。俗话说“眼见为实，耳听为虚”，画面的真实是电视专题片最具说服力的利器。画面是电视表现的基础语言，是电视专题片最基本的元素，电视专题片的真实首先要求画面必须真实。为了保证这种真实，编导在拍摄现场应该采用纪实的拍摄手法，用挑、等、抢的采访手法去捕捉、抓取鲜活的形象。只有真实的画面，才是最自然、最具有说服力的。但是，有些编导为了追求用光、构图等方面的艺术性，在新闻现场进行“摆拍”或是伪造新闻现场进行“补拍”，再或者按照自己的意图和节目的需求任意安排新闻当事人造假。或许这样拍出来的画面会“构图精美”，人物说话会“井井有条”，但是虚假的做法严重违背了电视真实的原则，是不可取的。反而，有些获得电视新闻奖的节目画面是摇晃的，采访对象说话也是不流畅的，但恰恰就是这些有瑕疵的镜头充分展现了电视画面的真实。

案例精选：被树楷模却遭村民质疑之真相——《典型也能虚构》

2002 年 2 月，《新闻调查》记者王志等人在湖北省丹江口市闵家沟对一个被当地树为楷模却备受村民质疑的人物进行了调查，当事人是闵家沟村党支部书记闫德伟，这期节目叫《典型也能虚构》。节目中使用了当地电视台宣传楷模事迹时的一段内容，说的是闫德伟为了帮助乡亲们致富，借了 5 000 元钱给村民周永春从事网箱养鱼，周永春对着镜头说：“反正我家里也没钱，最后我是想千方百计搞点事业。搞啥事业呢？我想就搞网箱养鱼吧，最后没有资金，闫德伟把他做木工赚的 5 000 元钱到村里亲自取来借给我，最后我把网箱养起来了，现在我养的毕竟还可以，也带动了我们村里五六户在这个河里发展网箱养鱼。”周永春木讷的表情和左看看右看看的眼神让人感觉像是在念摄影师背后墙上事先准备好的稿子。更为有力的证据证明了这段采访确实是摆拍的。接下来的拍摄段落是在周永春家的房前，王志与周永春面对面，王志问：

“闫德伟借了你5 000元钱，有这事吗？”

周永春憨笑着说：“说真的，没有。”

王志反问：“你是什么时候开始养鱼的？”

“没有养过。”

“没有养过鱼？可是我在镜头里看到的那是怎么回事呢？那是怎么拍下来的？”

“说句不中听的，那是政府干部让我说的假话”，周永春顿了一下，记者没有插话，他接着说：“那都是他们编好了让我说的。”

王志再问：“当时网箱养鱼的镜头是在哪拍的？”

“在镇政府码头。”

“那个网箱是谁的网箱？”

“不知道。”

……

（《十年》孙玉胜 210—211 页，此期节目没有播出）

其次，现场取材的听觉元素。现场同期声的录音、谈话的声音和环境的声音都可以强烈地增强电视的真实性。曾经有人说过，口语的表达最能接近真理。

案例精选：水均益对第二次海湾战争的现场报道

2003年美国对伊拉克发动了第二次海湾战争，中央电视台记者水均益在伊拉克首都巴格达进行现场采访。水均益在介绍巴格达混乱的情况时，背后就可以听到爆炸的声响。此时的环境声（爆炸声）真实地展现了当时记者、编导所处的恶劣环境，伊拉克战争前夕巴格达的混乱也被充分地展现在观众眼前，并留在观众的脑海里。

可见，声音元素能够给观众带来极为强烈的真实感。编导在采访现场，尤其不能忽视声音元素。人声、环境声都是编导在现场取材过程中必须关注的要素，因为

图 4-2　水均益对第二次海湾战争的现场报道视频截图

这些都有可能成为节目当中起关键作用的一部分，也是能够体现真实性的有利证据。声音是属于时间的，是线性的，过去了就不会再重复。因此，编导在现场需要“耳听八方”。

二、电视片取材真实的重要性

真实是新闻的生命，也是以纪实为主的电视片的生命。没有真实，电视片就会失去存在的价值和意义。虽然并非纪实的就是真实的，但是真实感却来源于纪实，而只有真实的才是永恒的。纵观当下的电视节目类型，纪录片一直在追求真实，综艺节目当中的各种真人秀也在展现“真实”的魅力。“真实”对于以《焦点访谈》《新闻调查》为代表的电视专题片而言，更是具有不可比拟的重要性。

电视编导身处新闻事件现场，能够近距离地接触新闻人物，观察到现场和人物身上的细节和变化，甚至在调查采访的过程中能够触及有些人想要拼命掩盖的新闻事实。编导在现场取材时应该做的不是单纯地拍摄和记录，而是思考如何通过自己的采访调查获得更多的背景和细节，发现更多的事实证据和更广的展示事实的角度，直抵事实真相，并尽最大努力用电视的视听语言把真相表现在观众面前。央视《新闻调查》的口号是“新闻背后的新闻，正在发生的历史”，从这句口号我们就可以看出编导、记者们追求的是什么——事实的真相。而凤凰卫视的编导记者最爱说这样一句话：“当大事发生时我在场。”“我在场”恰好能够说明编导、记者与事实的距离之近，强烈的现场感大大提升了节目的真实性。只有真实的画面才能使节目鲜活、感人、深刻。

（一）因为真实，所以可信

真实的现场环境、真实的采访对象、真实的细节证据，构成了电视专题片的魅力，也能够树立一个媒体的权威性和公信力。观众对于一档节目、一个媒体的信任，就是建立在真实基础之上的。虚假的东西始终经不住时间的考验，编导要用完整的事实说话。编导在拍摄现场排除万难获得的素材，是获取观众信任、媒体自身公信力的砝码。

案例精选：《性侵犯：隐蔽的罪恶》的开头

2013 年 12 月 28 日，《新闻调查》播出的《性侵犯：隐蔽的罪恶》节目当中，开头的一段采访是这样的：

记者：我们的采访可以开始了吗？

被采访对象：可以了。

记者：你确定自己想好了，还是露面接受采访？

被采访对象：是。

记者：你犹豫了一段时间，来考虑到底要不要露面接受采访，你的主要顾虑是什么？

被采访者：主要是担心大家会不会觉得我原来是一个受过这样侵害的人，会不会对我的个人生活带来一定的干扰。

图 4-3　《性侵犯：隐蔽的罪恶》视频截图

记者：那为什么最后还是决定要面对镜头来讲这件事情？

被采访者：我觉得这件事情的意义超越了个人的影响。

……

这是一期关于儿童性侵犯的节目，为了保护受害人，编导对里面涉及的案例本应该采取匿名报道的方式，但是这位名叫吴振浩的被采访者（少年时代遭到过自己物理老师"性侵害"）为了提醒大家注意，同意接受记者的采访，并愿意出现在镜头前面。开头记者并没有直奔性侵害的主题，而是从为什么愿意接受这次采访并不做画面处理开始。这个小段落真实地表现了这个被采访者（也是受害者）的心理变化。鲜活感、真实感跃然于镜头前，促使观众能够相信他所说的一言一语，大大增加了节目的可信度。

（二）因为真实，所以深刻

在《十年》这本书中，孙玉胜写道："只有完整的事实和深入的背景才能把观众带进新闻深处。"换句话说，要想让做出的节目思想深刻，深入到事实真相的根部是必不可少的。只有真实的东西才能经得住观众的推敲和思考，经得住时间的考验，才能把真相展现在观众面前并引起他们的深刻思考。深刻的东西往往是理性的，是概念性的，而理性来源于对感性的提炼和思考，编导正是通过现场采访取材来为观众提供这些感性材料的，让观众自己在真实的报道中提炼出道理。优秀的编导不会把大道理直接告诉观众，而是用事实说话。

第二节　电视片取材的技巧

在坚持真实原则的前提下，电视专题片现场有些取材技巧值得我们学习。在现场，哪些素材需要，哪些素材不需要，哪些需要同期声，哪些需要采访当事人，什么时候开关机等，都是有技巧的。编导和记者在现场对事件的处理，不仅受到自身传播理念的影响，同时也受到取材现场各种条件的制约。总的说来，编导需要遵守以下三大原则：

首先，时间上遵守"现在进行时"。电视具有两个时间轴，一个是电视所表现的时间轴，一个是观众所在的时间轴。无论二者相距多久，编导都要将观众带入电视画面的时间轴上。

其次，空间上坚持“我在场”。这也是表现真实的好方法，记者和编导在事件现场的取材报道，弥补了观众无法到达现场的遗憾，摄像机成为观众眼睛的“延伸”，让他们得以感触现场事件发生的过程。

最后，尽量保证“早开机，不停机，晚关机”。现场，尤其是电视专题片节目的现场往往会有不可预知的事情发生，编导和摄像师需要时刻警惕现场突发事件。这样虽然片量会比较大，但好处是不仅能够积累大量的素材，而且能够规避有些事情发生了就无法重复拍摄的弊端。

具体来说，电视片取材的技巧有以下五个方面。

一、记录过程因素

我们常说，“拍到”并不等同于“拍好”。电视片的取材过程是对生活素材的选择，是一个体现主题的思维过程。过程，就是事物发展所要经过的程序或阶段。电视专题片中最重要、最生动的部分就是向观众展现一个事件的过程，而不只是一个简单的结果。过程中才可能有微妙的、构成悬念的、难以言传的内容。

过程永远比结果更精彩。一般说来，一个事件发生的过程主要包括三个阶段，即事件本身、产生的影响和采取的措施，这三个阶段构成了一个事件的全过程。电视专题片属于深度调查类的节目类型，编导不仅要说清楚事件本身，更要挖掘事件所产生的影响和最后各方面采取的措施。对过程的展现就是一步步向真相靠拢的过程，也是对于“真实”最好的践行。

案例精选：《新闻调查》对甘肃省兰州市自来水污染事件的报道

2014 年 4 月 10 日，甘肃省兰州市发生自来水污染事件，4 月 11 日至 12 日全市降压供水一天。4 月 21 日，《新闻调查》的记者到达兰州进行采访，对整个水污染事件进行了详细报道。事件本身：4 月 10 日，兰州威立雅水务公司检测员 10 日检测出苯超标，经过复查确认信息无误上报主管领导，但到次日该事件才被上报给主管市长；4 月 11 日下午才通知全市停水，整整延误了近 22 个小时。产生的影响：首先，市民没有及时获得信息而停止使用饮用水，对身体健康造成一定影响；其次，市民没有及时获得信息，质疑政府发布信息缓慢，对政府产生信任危机；最后，暴露出政府存在许多监管不力的问题。采取的措施：兰州水污染事件发生后，兰州市政府通知全市降压供水一天；3天后，水务公司查找到污染原因、污染地点——自来水厂被兰州石化工厂团团围住，自流沟管道西段伸缩缝处渗漏油污，导致地下水被油污污染，最终导致苯超标。现场采访中，记者到达自来水厂检验室、泄露油污的管道现场，分别采访了自来水检测员、水务公司负责人、兰州市城乡建设局局长以及来自北京的专家。在电视专题片中，编导还加入了许多背景资料和历史上发生过的对相似事件的处理过程。编导将整个兰州自来水污染事件按照时间顺序层层剥开，娓娓道来，事件的真实面貌一步步呈现在观众眼前。这次事件到底是政府的责任还是自来水公司的责任，或者是兰州化工的责任，通过现场采访报道和过程的展现，观众心中早已有数。

记录过程因素，编导可从以下三个方面着手：

（一）抓住事件的“关键点”

拍摄事件的“关键点”包括拍摄事件开始点、转折点、高潮点以及结局点。编导在新闻事件现场，尤其在节目直播过程中，需要寻找具有强烈视觉冲击力的细节画面，因为细节常会成为影响事件发展的关键节点。写作中有一种说法是“虎头、猪肚、凤尾”，意思就是叙述事件开头要如虎头般斑斓夺目，内容要像猪肚那样饱满丰富，结尾则要像凤凰的尾巴一样漂亮有力。电视专题片的拍摄也是一样的道理，在现场要抓住细节、抓住关键点，同时交代清楚结尾，才能使节目完全呈现。

1. 抓住开始点

凡是事件都会有一个开始点，但是这个开始点常常不是清晰可见的。为了清楚地抓住这个开始点，我们就要“早开机”，避免漏掉或者错过开始部分。因为事情的发生往往是复杂的，而且随时在发生变化。开头也可以是事件发生的原因，没有观众会愿意看没有原因、没有开头的节目。

2. 把握转折点

转折点，顾名思义，就是事件发生重大转变的时间或是事件。整个事件会因为这个转折点的出现，出现不同的结果。编导在现场拍摄时一定要把握住这个转折点，这也是起承转合的关键点。转折点可以是某个事件，也可以是某个人物的某个动作，编导在现场取材时要十分细心地观察所有细节。

3. 交代结局

在一个电视专题片中，除了那些需要等待事件结束再做连续报道的特殊情况，大部分事件都会有结局。有头有尾的节目才是完整的，才算交代清楚。而且，有些结局往往会出人预料，成为整个节目的亮点。

案例精选：凤凰卫视直播《1997 香港回归全纪实》

1997 年，在凤凰卫视《1997 香港回归全纪实》这个节目当中，开头是记者吴小莉和窦文涛介绍凤凰卫视在香港回归这一历史事件过程中所做的准备，从演播室到幕后，然后再次回到演播室，展现了全体工作人员整装待发的状态。香港回归是一个线性发生的历史事件，不受人为因素的干扰，抓住每一个关键点尤为重要。节目转折点是镜头从演播室切到港督府，彭定康港督及其家人缓慢地走出港督府，表情极为不舍。香港回归祖国是一件普天同庆的大事，我们站在国家的立场反映我国政府的现场情况无可厚非，但在同一时刻，事件的另一方英国政府代表人物的表情、行程也被展现在镜头当中，节目带领观众看到另一方的情况，将整个节目转向了另一个方向。经过简单的转场，事件的高潮来临，即在 1997 年 6 月 30 日午夜进行的降旗、升旗仪式，时任国家主席的江泽民同志宣布，香港正式回归中华人民共和国以及香港特别行政区政府正式成立。整个高潮中，观众欢欣鼓舞、热泪盈眶，一百多年的愿望终于实现。节目的结尾段落依旧精彩——凤凰卫视直播了中国人民解放军海陆空三军入驻香港的现场画面以及英国查尔斯王储、港督彭定康一家登上离港轮船，港督的女儿流下了眼泪。整个节目一气呵成，有转折、有高潮、有细节。

（二）开机进场，时刻准备记录

电视是线性传播的媒介，一旦事情过去了，就无法再回头重拍。所以，编导或者摄像师必须要做到提前开机、中间不停机、尽量晚关机，避免错过事件的精彩过程。具体说来，拍过程的关键是要赶在事情发生前，而不是等事情发生了再去拍。

当编导在现场发现一件事情比较有意思的时候，此时再通知摄像师开机拍摄，显然已经来不及了，观众看不到过程就会觉得没有意思。开机进场，往往能够抓住采访对象面对记者的第一反应、第一感觉，包括表情、体态和对待镜头的态度，这些常常是最鲜活、最富有生命力的。被摄对象意识到开机时的表现和没意识到开机时的表现往往会形成一种对比。

（三）把结果设计成过程来拍摄

结果就是人和事的最后结局。当表现的对象处于一种动态状况时，人们很难事先预料它的最终结果，在确定了拍摄题目后，编导可以直接进入事件的记录过程，不管有什么先拍下来，在获取大量素材之后，再对素材进行筛选、分析和提炼。在电视片当中，编导寻找当事人的过程以及调查事实真相的过程都可以作为拍摄素材来使用。拍摄到结果是最终目的，把结果当成过程来拍摄，向着结果挖掘的过程本身就是一部很好的电视片素材。

二、记录意外因素

所谓意外，就是意料之外的事，出乎编导和记者预料的情况。由于生活本身的不可预料性，在拍摄过程中随时会出现编导事先估计不到的意外情况。这种根本无法预料的事情，往往也是最可贵、最真实、最有感染力的，常常会成为一部片子的精彩内容。尤其是对突发新闻的报道，编导和记者很难对事情的发展做出准确的预测，只能时刻保持警惕，不放过任何一个镜头和人物。比如在地震灾区采访，随时随刻都可能会发生余震，编导、摄像师和记者在现场，必须在余震发生的第一时间记录当时环境的变化、人物表情的变化及现场的声音，因为这是在地震灾难发生时最真实的表现。不需要多做解说，连续几个现场成组的镜头就可以表现得十分真实。

（一）避免先入为主

央视著名的已故电视人陈虻说过："不要从生活中寻找到你要的东西，而是去感受生活中发生了什么。"先入为主的观念常会禁锢一个编导的思想，使他陷入思维定式当中。生活是丰富多元的，时而阳光明媚，时而阴云密布，但这些都是真实存在的，是生活的本来面貌。编导不应该按照自己的需要和喜好向生活索取，而是应该记录当下、记录生活赋予我们的东西，不管是好事还是坏事。如果编导完全按照先前想象和规划的主题在现场取材，就会被牵制住手脚，错失很多有趣和有价值的素材。在现场，编导和记者不仅要心中有数，更要随机应变，以不变应万变。

案例精选：2001年美国"9·11"事件报道

以2001年美国"9·11"事件报道为例。美国东部时间2001年9月11日早上8时46秒，一架满载燃料的波音767飞机撞向世界贸易中心北楼。恰巧当时，美国CNN记者正在世贸大楼附近采访当地的消防员，当听到低飞的轰鸣声，摄像师随即将镜头转向世贸中心大楼，记录下了飞机与大楼相撞、冒出滚滚浓烟的悲惨画面，这个镜头快于世界上任何一个媒体所拍摄的速度，也成为当时最好的记录。接着，记者和摄像师临时改掉采访计划，当即采访"9·11"事件发生现场世贸中心的状况、地面的状况和各方面救援的人们。这些意外画面的记录是活生生的，是无比真实的，也是摄像师和记者灵活的应急反应的结果。例如"9·11"事件这种突发事件，不是也不会按照编导与记者的想法发生，而是生活中确实存在的意外事件。生活赐予的，有时候就是最真实的。

图4-4　"9·11"事件现场视频截图

（二）不拒绝被拒绝

编导在电视专题片的拍摄中，常会遇到现场情况突然发生变化而使得预先制定的拍摄方案无法进行的尴尬情况。编导应该随机应变，在拍摄过程中发现、捕捉偶发和意外。生活中任何一种发生都是拍摄的机会，而不是障碍。有时候拍摄中的障碍也可以成为事实表现的一部分，甚至是精彩的部分。《焦点访谈》和《新闻调查》常常会有舆论监督类型的节目播出，在采访拍摄的过程中常会遭到各种“拒绝拍摄”。有来自企业的、个人的，也有来自政府相关部门的。在这些“拒绝拍摄”的背后，正说明了有些事件的真相被人为掩埋，编导此时不应“知难而退”，而是应该“迎难而上”，采集到具有说服力的画面，揭露出事实的真相。

三、立体全感记录

电视是线性的传播。线性传播是指电视片常常以事件发生的过程为记录标准，以时间的变化为依据，是一个一个镜头顺次连接的结果。但电视拍摄最有魅力和最有价值的地方在于用线性的视听双通道进行立体全感记录。不但记录环境、人物、事件，更要记录心态和氛围。立体全感记录拍摄就是用一个事件中所涉及的各个人物、人物之间的关系、人物与环境的关系、整个事件的情绪氛围，勾勒出一个立体完整的“场”，以供观众观察和体验，是生活中一个完整的纪实段落，而这些纪实段落是最具电视特性的镜头。因此，编导要尽可能地寻找、捕捉、提炼这样的段落。那么，在拍摄上如何才能实现对纪实段落的捕捉？

（一）拍摄关系镜头

任何事物都不是孤立存在的，都与它周围的事物存在联系。拍摄关系镜头主要包括拍摄人和环境之间关系的镜头以及人和人之间关系的镜头。拍摄关系镜头，景别最好使用中景和近景，这样不但可以交代好人与物、人与人的关系，也可以很好地建立起立体的“场”。

案例精选：纪录片《俺爹俺娘》中关系镜头的拍摄

在纪录片《俺爹俺娘》中，导演用一个固定镜头表现人物和环境的关系。“娘”站在城里姐姐家的阳台上向窗外望，屋里没有人，“爹”也不在了，只留下孤独老人的背影；环境是城里的楼房。虽然硬件条件比农村“爹娘”家的平房好很多，但是“娘”仍会感到不舒服、不自由、不方便，老是挂念着“爹”和农村老房。环境衬托着人物的孤独，这就是人物和环境的关系。还有一个表现人物和人物关系的镜头，表现的是我为“爹娘”拍摄照片留念，镜头抓取的是“爹”搂着共同生活了72年但在儿孙面前害羞的“娘”的画面。导演抓拍到“爹娘”都在笑，这个镜头表现出了两个主要人物相濡以沫的夫妻关系。

（二）拍摄特写镜头

细节也是整体的一个重要部分。在取材现场，抓拍到能够反映主体情绪的特写镜头是非常重要的。一个动作、一个表情都是细节表现，而特写镜头往往最能表现细节。在纪录片《离巨星二十英尺》中，编导敏锐地抓拍到达琳拉芙、朱迪斯等伴唱演员的动作细节，通过大量的面部特写镜头来描述她们的表情变化。虽然只是站在舞台的一角，为舞台中央的巨星伴唱，但她们唱歌时投入的表情和卖力的演唱却牢牢地抓住了观众的眼球。她们也是有血有肉的灵魂歌者，也有感情的流露，特写镜头将她们的喜怒哀乐表现得细致入微。

（三）合理使用长镜头

长镜头是一种重要的电影技巧或电影手法，目前学术界对它的概念界定有两种：一是从技术的角度来理解长镜头，即时长在30秒到10分钟之间的镜头；二是从艺术创作的角度来理解，指通过运用景深镜头或移动拍摄，达到对一个相对完整的生活片段的电影化概括的镜头。与蒙太奇相比，长镜头往往更能够表现真实，是纪实类电视专题片常用的手法。长镜头仿佛是一个置身于人物、事件之外的观察者，冷静、客观地审视人物的相貌、装束、表情、动作，记录人们的谈话和现场其他声响，展现事件的进程，但不去解释；长镜头不会直接表现创作者的意图，用长镜头叙事时如同“冷眼旁观”。

但是，在拍摄取材过程中，编导要合理地使用长镜头。这是因为长镜头不仅仅具有叙事功能，同样也具有表意功能。过多或是过分运用长镜头，都不利于观众观看电视专题片。连续不断的长镜头会影响电视专题片的节奏，观众观看时也容易疲倦。总之，长镜头可以用，但要合理使用。

案例精选：《北方的纳努克》捕捉海豹的经典长镜头

弗拉哈迪在纪录片《北方的纳努克》中拍摄纳努克捕捉海豹的长镜头非

常经典，导演将纳努克、冰山上的洞和海豹放到一个镜头里完成，并将这个段落用一个完整的长镜头真实地表现出来，这就是纪录片的魅力所在。

四、记录竞争因素

渴望看到竞争是人的天性，具有竞争因素的事容易打动人，并且竞争的过程本身就具有悬念，能够吸引观众的注意力。生活本身处处充满竞争因素，如比赛、考试、竞选等。记录竞争因素时主要注意以下两点：

（一）更关注事件中的人物

在以往传统电视片拍摄过程中，人们常因关注事件本身而忽略了事件中的人。在现代电视专题片的拍摄中，编导和其团队需要更关注事件发展中的人。竞争常由人引起，人是竞争关系存在的决定因素。

案例精选：《新闻调查》对“宏志班”的调查

《新闻调查》播出的《宏志班》这期节目，本是从“宏志班”这一逐渐形成的社会现象入手，但是经过一系列的采访调查，最终把重点落在了“宏志班”那些贫困家庭孩子的身心发展上。在全社会大力宣传“宏志班”所产生的社会效益之时，编导却更关注这个现象当中学生的情况，即人的境遇：他们在这样一个班集体中的学习和生活如何，甚至这些学生的家庭受到了何种影响。“宏志班”是北京市广渠门中学一个比较特殊的班集体，以田伟为代表，“宏志班”的学生不仅要和其他家境较好的同学一样面对高考，还要在某种程度上克服自身家境困难的难题。针对这个客观情况，编导选取了人物在竞争中如何克服重重困难和障碍的角度进行切入。

（二）多拍摄人遇到的困境

在生活中，我们总会遇到各种各样的困难，而在拍摄过程中，片子所涉及的人也会遇到各种各样的困难。有困难，就会有克服困难的过程。这些人克服困难的过程就是我们需要拍摄的内容，因为这中间会有转折和悬念。于是观众就会跟随镜头和事件主要人物一起，关注最后困难是否得以解决、梦想是否能够实现。

案例精选：《兰考，未抚平的伤痛》火灾背后的真正“困难”

在《兰考，未抚平的伤痛》中，七个孩子在火灾中失去生命。这七个孩子都是被收养在袁厉害家中的孤儿，火灾原因可能与取暖有关。袁厉害收养了20多个孩子，基本的生活都成了问题，这是第一个困难。记者问她如何解决这个问题，袁厉害说向民政部门申请“低保”。申请“低保”需要户口等证件，这些孩子要么是弃婴要么是孤儿，不符合申请要求，这是第二个困难。民政部门看到这些孩子的生活条件很差，如果批准，就是违规操作，如果按规定办事，这些孩子有可能吃不饱、穿不暖。这个困难难倒了民政部门的工作人员，这是第三个困难。这三个困难的解决过程牵动着观众的观看欲望，观众都想知道这些问题最后能否得以解决。

五、注意同期声的记录

电视是视听语言，画面和声音共同构成了电视的叙事手段。声音是画面的一部分，没有声音的画面常常会显得死气沉沉，不是真正意义上的电视画面。而同期声的采集和运用，大大增强了现场画面的真实感。电视声音可以分为音乐声、解说和同期声。编导、摄像师、录音师在现场进行取材时主要是注意同期声的收集，包括人声和环境声。

（一）人声

人声是最能体现人物性格特点的因素，包括笑声、说话声、叹息声、歌声等，甚至有时候人物的一个停顿也是一种声音。《红楼梦》里描写王熙凤出场的一段文字将声音用得十分巧妙，一句“我来迟了，未曾迎接远客”，未见其人，先闻其声，鲜活地表现出王熙凤这个人物泼辣、爽利的性格。人声同时也是最能表现“真实”的元素，用被采访人现场采访的说话声说出事件的经过和真实想法，是极为真实的表现手法。所以，编导在现场取材时，要选择典型人物进行同期声采集。谁是事件的主人公，谁是目击者，谁最有价值等，都是编导需要筛选的。人物采访的镜头在构图上要遵循黄金分割原则，一般情况下采用近景，镜头处于被采访者前方或者侧前方，并且采用平行的角度进行拍摄。

案例精选：《高价药背后的“贿赂门”》和《俺爹俺娘》中的同期声

在《高价药背后的“贿赂门”》这期节目中，编导和记者报道了葛兰素史克（中国）公司故意高价售药的违法行为。节目分别采访了事件主要犯罪嫌疑人陈洪波、医药代表和葛兰素史克（中国）公司的销售经理，用这些人的同期声来叙述整个事件的过程，现场感强，画面真实。

《俺爹俺娘》中常出现“俺爹”带着方言的说话声、歌声和背唐诗的声音，再配上“俺爹”的表情和动作画面，一位朴实、慈祥的老人形象就鲜活地立在观众面前了。

（二）环境声

同期声中的环境声有时作为背景使用，但有些环境声本身就是内容的一部分，就是新闻事件的“表情”。环境声包括自然声响和人为声响。环境声的采集有时候能够说明或者反映新闻事件的一些内容，或者提供细节的部分。编导在拍摄现场，要格外注意和运用环境声，营造出一种真实的气氛。

案例精选：《开往春天的地铁》对环境声的运用

《开往春天的地铁》以北京地铁为主题。编导和记者跟随上班族罗心下班出地铁，地铁站出来就是布满小摊小贩的夜市，充斥着嘈杂的叫卖声、音乐声，这和罗心租住的房屋里安静的环境形成鲜明对比。编导和记者早上又跟随罗心挤早高峰，早晨马路上的汽笛声、三轮车拉客的吆喝声、地铁站拥挤的人声、地铁工作人员的疏导声、人们匆忙的脚步声以及地铁进站“嘀嘀”的开关门声等，这一系列声音都反映出北京地铁早高峰人头攒动的拥挤场面。编导在这里对于同期声，尤其是环境声的运用，充分发挥了声音可以营造环境、真实反映现实的作用，而这是再准确的解说词也无法达到的效果，这便是环境声的魅力。

图 4-5 《开往春天的地铁》新闻视频截图

此外，在前面我们提到，编导和摄像师要尽量做到“早开机、不停机、晚关机”，这样做不仅是为了采集到足够的画面和声音素材，而且有利于编导和摄像师在第一时间对突发事件做出反应，不落下任何一个有价值的镜头。一部电视专题片需要大量的画面和声音素材，为了避免在后期编辑的时候出现“无米下锅”的困难局面，编导和摄像师在前期拍摄时一定要尽可能全面地获取画面和声音素材，把困难前置。这些素材包括对相关人物的采访画面、交代环境的空镜头以及背景资料的拍摄画面等。当然，编导和摄像师也不能在新闻现场见什么拍什么，而要通过敏锐的观察和预判，有选择地拍摄。足够的素材是保证后期剪辑的基础，但是过多的素材也会对后期造成负担。随着数字技术的发展，拍摄不再使用胶片，这就对编导现场拍摄提供了极大的便利。有些编导见什么都想拍，不多思考就拍摄大量素材，这也是不可取的。最重要的是要把握拍摄素材的质量和数量，既够用又不会过于繁杂。

第三节 超常规视角画面的拍摄

一、超常规视角的概念

实验证明，纪录片在 120 秒内、专题片在 90 秒内、新闻在 60 秒内如果没能在内容上吸引观众，就必须要在形、声、光、色等形式元素上吸引观众，否则观众就会换台。那么如何才能吸引观众持续观看一部电视专题片呢？第一，内容要丰富；第二，在表现形式上可以使用一些超常规视角。

所谓超常规视角，指特殊摄像机在拍摄时使用的视角，特殊视角能拍出人眼在正常情况下看不到的画面。随着科学技术的发展，特殊摄像机，如航拍机的出现延伸了人眼的功能，为人们实现了各种视角观看大千世界的梦想。这些超常规视角，不仅能够深入挖掘新闻事实的真相，当它们运用于纪录片的拍摄、体育比赛的直播时，也能够为人们带来超凡的视觉体验。

二、超常规视角的类别

（一）距离的变化

从距离上来说，超常规视角可以带着观众看到极近或者极远的视野。极近的镜头，比如特写、大特写，甚至微距镜头，可以细微地观察到人物或者事物的细节部分，观察到容易被忽略的地方。极远的镜头一般使用航拍技术，可以使整个画面视野开阔，让人产生一种俯览一切的视觉效果。纪录片《非洲》大量使用了大特写（图4-6）和航拍（图4-7）的手法，这些手法在真实记录非洲这片神秘大陆的同时，也使整部纪录片极具视觉效果，既真实又好看。

图 4-6 大特写镜头

图 4-7 航拍镜头

（二）速度的变化

速度的变化也可以说是时间的变化。在现实生活中，我们无法看到雨滴落在地面上那一瞬间的画面，也无法在短时间内看到四季的快速变化。在纪实的过程中，编导为了表现事件的加快发展和时间的流逝，有时候会使用一些超常规的拍摄手法。从速度上,这种超常规的拍摄可以分为两种,一种是加快速度(降格或延时摄影),一种是放慢速度(升格摄影)。降格可以在几秒钟的时间内呈现四季更迭、云卷云舒的效果;而升格则会清晰地呈现雨滴落入水面的画面,造成飞珠溅玉的效果。这些变化效果在纪录片中运用得较多,视觉冲击力很强。

(三)位置的变化

这里说的位置就是摄像机可以到达人所到不了的地方进行拍摄,记录真实精彩的瞬间,小到细胞内部,大到宇宙空间。最好的例子是,世界各大体育赛事已经开始广泛使用"飞猫"这种高速摄像机来拍摄短跑和跨栏等项目。这种摄像机能够全程同步跟拍运动员快速奔跑的几秒钟时间,真实地记录每一秒;还有一种叫"Gpro"的特殊摄像机,它体积小,便于携带,而且防震,常被用在高山滑雪、跳伞以及冲浪等极限运动当中。这样的位置和速度是人类自身无法完成的。

这些超常规镜头的使用能够吸引观众的眼球,增加画面的趣味性,大大提高真实性,为观众提供平时生活中看不到的"真实"。但在使用的时候编导要注意把握数量,不能过分使用,否则会有炫技的嫌疑。编导始终还是要坚持纪实为主,间或运用这些超常规镜头。

组织拍摄是编导最重要的职责。前期素材拍摄得好,后期剪辑才会不费力,才可以进一步谈主题、结构和节奏这些深层次的内容。现场拍摄的素材始终是最基本的"原料",没有好的现场取材,再好的编导也无法用后期来弥补。拍摄的过程中,编导要把好关,遵循真实原则,在采用现场拍摄采访时所需技巧的基础上,全面记录人物、环境,并注意同期声的使用以及超常规视角镜头的使用。总之,好的电视专题片,这些元素缺一不可。

思考与研讨题

1.真实性和真实感一样吗?为什么?

2.编导在组织拍摄"过程因素"的时候应从哪些方面着手?

3.环境声有什么作用?

延伸阅读

CNN资深记者总结的30条采访的艺术[①]

（Kevin Voigt，CNN资深记者、香港大学新闻学院教授）

采访的对象只能是人，而人是情绪化的、社会性的，以及理性的动物，所以面对形形色色的采访对象，作为一个记者，你需要做到以下内容：

1. 千万别死于尴尬。

2. 无论你是CEO还是实习生，最常见的胆怯是，你害怕被别人发现你的胆怯。

3. 如果你担心你会像个傻瓜一样出丑，请停止这种担心吧！——因为你绝对会在一些时候非常之傻。所以请不要担心这个问题。

4. 释放你的好奇心——让你的心像五岁的孩子一样。

5. 采访时，你真正的兴趣所在和对被采访人的信任，会孕育出更好的故事。当然你也会因此更加快乐。

6. 要点燃你的激情，这会让你一直坚持下去。这是伟大的记者的另一个标志。

7. 去追赶你的怯懦——让我们玩一个相反的游戏：

(1)优先去解决那些让你不安的麻烦；

(2)告诉自己这是你应该做的；

(3)告诉你自己你应该优先完成你的工作；

(4)拖延症是写作者的毒药。

8. 拿起那该死的电话，去敲那该死的门。

就像保持速度和精确是我们写作的不二法则一样，新闻采写中，面对面采访一定能让你得到比电话更多的信息。

9. 从来都没有什么愚蠢的问题。

10. 不要把自己隐藏在电子邮件的后面。因为从来都没有一件事情叫作“我

---

① 本文已获作者使用授权。

用邮件的方式进行了采访”。

11. 邮件的问题有：对方有极大的可能不会回复；对方写不好怎么办；你怎么知道这是你要采访的人写的呢；他们又怎么回答你新产生的问题呢……所以，这是懒惰的，更是无趣的。

不要忘了更中心的问题，这是一份愉快的职业。去和那些不同种类又令人吃惊的家伙面对面交谈，你能学到很多。

12. 邮件的用途：

(1)告诉对方你是谁，为什么你想和他们聊天，这会花多长时间，你的截稿日期和三个概要性的问题；

(2)发稿前的事实确认；

(3)邀请专家对突发新闻做一个简短的评论(当然还是面对面更好)。

13. 把 Who、What、When、Where、How and Why 刻在你的脑海里，这是你提问的核心内容，不管是一个交通事故的硬新闻，还是一个长时间的调查特稿。

14. 闭合性的问题与开放性的问题。如果是突发新闻，请多问闭合性的问题——什么时候起的火？多少人受伤？他们是谁？伤员被运到了哪一所医院？你们什么时候接到的救援电话？你们花了多长时间赶来？为什么会发生火灾？

15. 需要澄清、求证及希望得到可靠答案，请问闭合性的问题。这些问题可能是你跑突发新闻时，唯一能问的问题。

16. 留下采访对象的联系方式。回去写作时，检查自己有没有 5W 和 1H，如果没有，打电话回去。

17. 开始写作之前，就要想好你的开头和第一个引语。

18. 一个好的引语在硬新闻中占据很重要的位置，它经常告知读者，“这是为什么”。

19. 保证引语的准确性，尽可能地减少引语错误所受到的指责。

20. 如果要吸引采访对象进行详述和解释，请问开放式的问题——你认为美国总统怎么样？你喜欢你的美国之旅吗？是什么让你支持香港的直选？

21. 采访时，尽可能地诚恳、专业，不带自己的评价，这会使你有更好的机会获得你的故事所需要的东西。这当然很难，因为你会遇见与你意见相左的人，以及你不喜欢的人。但请尽可能公平地去理解他们的观点。

22. 学会怎么去闭嘴和倾听。仔细观察受访对象的语音语调和肢体动作告诉你的事情。

23. 请注意,当一个人讲述某个主题产生了强烈的情绪时,继续就这个话题问下去。

24. 如果受访人一直盯着你的笔记本看,先别忙着记录。倾听在此时更重要,而不是潦草地记笔记。

25. 如果你的采访对象自相矛盾、犹豫不决、沉默不语、惊慌失措或者眼神飘忽,你都需要对正在进行的采访做出相应的反应。

26. 如果你的采访对象不愿意回答某个问题,问他们为什么,然后告诉他们为什么你觉得这是一个非常重要的问题。把难度大的、争议性强的问题留在后面。被拒绝后不要害羞,问下一个高难度问题。

27. 如果不能理解对方的答案,你需要不厌其烦地重复:"你能举一个例子说明一下吗?"

要知道,把一个概述变为独特的例子,这些都是最好的故事细节。

28. 如果采访对象给你关于日期、数字和其他数字化的信息时,记得询问他们这些信息的出处。

29. 如果采访对象认为你应该追逐和你的选题可能没有太大联系的故事时,保持耐心问问他们这些事情,因为伟大的故事可能经常在不经意间被发现。

30. 一定记得把你的采访记录放在一个安全的、常用的地方。一定确保你的采访录音已经备份保存。

（本文来源于微信公众号"邹思聪的新闻笔记"）

第五章　电视编导中的叙事处理

本章要点

1. 叙事的重要性
2. 电视叙事的理念和技巧
3. 视角和悬念的设置

第一节　叙事的重要性

听故事是人类的天性。

英国小说家、剧作家威廉·萨默塞特·毛姆(William Somerset Maugham)说："听故事的愿望在人类身上，同财产观念一样，是根深蒂固的。自有历史以来，人们就聚集在篝火旁或市井处听讲故事。"由此可见，不同的个体通过叙事活动而聚合，形成了人与人之间一种稳定而持久的交流范式。

著名的阿拉伯民间文学《一千零一夜》便讲述了一个关于"故事"的故事。国王因王后行为不端将其杀死，从此便每天娶一个女子过夜，次日杀掉再娶，以示对女人的厌恶与报复。宰相的女儿试图终结这场杀戮，自动请缨嫁给国王。她进宫后每天晚上都给国王讲一个故事，但总是留下结尾。国王为了知道结局就把杀期延迟了一天又一天。就这样，宰相的女儿每天讲一个故事，她的故事无穷无尽，一个比一个精彩，一直讲到第一千零一夜，终于感动了国王。这部在世界上最具生命力、最负盛名、拥有最多读者和影响力的作品,能以如此朴素的叙述跻身世界名著行列,可谓世界文学史上的奇迹。可见,故事构筑了人类的精神世界,串联起渺远的时空,凭借其巨大的感染力充实了生活,甚至延续了生命。

在当下这个传媒的时代,不会讲故事的人,很难做好传播。传播归根到底,就是讲故事的过程。柏拉图曾说:“谁会讲故事,谁就拥有世界。”这句话的道理其实很深,历朝历代,很多人之所以能成事,都是因为他们会讲故事。

一、叙事——事件与故事

谈及叙事,不得不提到“事件”和“故事”两个概念。

所谓事件,是由行为者所引起或经历的从一种状况到另一种状况的转变。转变强调了事件既是一个过程,也是一种变化。

所谓故事,则是由事件构成并在特定环境中叙述出来的,具有时空演变过程和因果关系的事件。詹姆斯·德莫纳克(James DeMonaco)认为,故事,即被叙述出来的事件,是伴随着一定的观念和情感而产生的,故事表明叙述者讲“什么”。如同戏剧冲突是由一个个情节串联而成的一样,相应地,讲故事贵在分解事件中蕴含的矛盾,这些矛盾决定了这一事件是否有故事化加工的可能性。总之,故事不是对生活的简单记录,而是讲述者重新安排组合生活素材的结果。它诉之于艺术化的叙述手段,融事、趣、情、理为一体,呈现的结果富有情感。

以同一个情景为例。“国王死了,王后也死了”,这是一种单纯的陈述,体现出一种变化推进的过程,即事件。而如果将其改为“国王死了,王后因为伤心过度也死了”,那么事件就有了基本的因果联系,形成了故事的雏形。

而所谓叙事,在修辞意义上,是指某人在特定场合出于特定目的向别人讲述某事的发生过程。它是对一个或多个真实虚构的事件的叙述,既离不开事件,也离不开叙述。叙事,是人类表达自我、沟通世界、建立理解的方式,如同一种语言的本能一样,根植于人类的骨髓与血液之中。

二、叙事学与电视

茨维坦·托多洛夫(Tzvetan Todorov)最早提出“叙事学”的概念,直到 20 世纪 60 年代以后,“叙事学”才作为一种文艺理论进入理论家的研究视野。叙事学由形式主义、结构主义和符号学三大理论推演而来，长期以来带有浓厚的形式主义倾向和封闭性。随着电影、电视等电子媒介的大规模介入，传统叙事学受到互渗性与开放性的故事演绎手段的冲击。叙事理论不得不正视自身弱点，通过不断吸收新的变量因子，不断走向动态、开放的当代叙事学。而当代叙事学关注的重点是同一类型的诸多故事如何被讲述，叙事者、故事与听故事的人之间存在着怎样的关系，以及作品文本如何在这种关系中保持开放性与多义性等。

叙事学的研究对象十分广泛，不少学者把这一理论用于语言学、人类学、民俗学、历史学、宗教学、文学批评及影视批评等领域，其中最主要且成果最多的是文学研究与影视研究领域。本书也着重就叙事与电视的关系进行深入探讨。

萨拉·科兹洛夫(Sarah Ruth Kozloff)指出，美国电视渗透了叙述，就像是游泳池里的海绵一样。电视是视听的艺术，故事则更加适合用视听元素来呈现。电视的叙述性文本占据传播内容的大部分，即电视具有讲述故事的优势。大多数电视节目都属于叙述性文本，而其他文本形式的节目也往往以叙述为手段。

如今，真实性至上的新闻节目也需要讲好故事已经成为人们的共识。瓦尔特·本迪克斯·舍恩弗利斯·本雅明(Walter Bendix Schoenflies Benjamin)在谈到新闻的属性时曾指出，新闻是对文学生活、对精神、对心灵的背叛。闲聊是其真正的本质。每一次连载都重新提出关于愚蠢与怨恨之间关系的难以解决的问题，这种关系的表达方式就是流言蜚语。虽然这种说法与传统新闻学原理相悖，但从电视新闻的发展趋势来看，这种提法带有明显的前瞻性，其中的“闲聊”即讲故事的佐证。从追求事件到追求“叙事”，电视新闻不仅着眼于引导观众知晓已发生的内容，而且逐渐满足观众想知道的内容。此举拓展了新闻传播信息的功能，从形式到内容走向全面奇观化。

作为美国历史最悠久且收视率最高的节目，美国哥伦比亚广播公司的《60分钟》成功的秘诀便是“用好的方法讲好一个故事”，节目观等同于故事观。而中国当代电视新闻的重大变革也是这一理论的深刻佐证。以央视为例，从20世纪90年代的《东方时空》到2003年新闻频道的开播，再到今天的“走转改”之下的《新闻联播》改版，20年间，央视出现了电视新闻语态变化的三个节点。此外，以《南京零距离》为代表的民生新闻盛极一时，也代表着地方台在电视新闻领域占据一席之地。每一次标志性事件都是一次新闻语态的变革，即强调电视新闻的“信息属性”对传统的“新闻宣传理念”的革命。这是电视叙事意识的觉醒，意味着电视开始讲述“好故事”。《东方时空》的子栏目《生活空间》的宗旨就是“讲述老百姓自己的故事”，而脱胎于《东方时空》的《焦点访谈》遵循的也仍旧是用新闻语言来讲故事的原则。记者与当事人之间的交谈有着相当清晰的脉络和层层递进的结构，它通过对新闻人物与新闻事件的采访对新闻事实的背景、过程或后续做深度解析，着力探求“背后的新闻”，也就是探求“好故事”。而《焦点访谈》作为新闻舆论监督节目的典范文本，具有自身独特的叙事模式，即具有一个完整且封闭的叙事流程。据统计，《焦点访谈》中遵循一定叙事模式来讲述故事的节目占据全部节目的 93%。这些故事当中都蕴含着一个由五个叙事功能所组成的共同的叙事结构，即百姓利益受损、记者调查取证、上级领导惩罚非法行动、百姓利益得到补偿以及对其他非法行为形成威慑功效。而民生新闻的成功之处在于将电视叙事全面展开，“好故事”为第一落脚点，其策划一直关注的是由外而内的两个角度：第一是外在角度，即地方台做新闻节目的契合点——城市覆盖的新闻节目无法用时政新闻打开市场，这源于新闻资源的匮乏，相比于大台，无法形成可观的竞争力，但是从新闻的接近率而言，地方台做与百姓日常生活贴近的新闻反而最有优势，观众在看到发生在自己熟悉的地方的故事时会非常感兴趣，因而民生新闻的立足点在于做所覆盖地区观众最希望知道的信息。第二是内在角度，即寻找一种电视叙述方式，这种角度相对外在角度更为重要。优秀的民生新闻善于运用各种各样讲故事的方法并摒弃许多宣传方式。在讲故事时，编导先着眼于故事中的精华，抓住亮点着重策划，再把事件重心转移到观众，从观众希望看到的角度出发，循序渐进，从而形成电视上讲话的方式。由此可见，电视叙事能够将观众带入崭新的未知世界，电视叙事无处不在。

编导拿到选题，首先要分析问题，透过事物的表象认识本质；其次要用合适的视听语言进行表现。讲故事和讲问题是两种不同的做片子的方法。把问题转化为故事来讲，片子就会好看。

白岩松曾经在一次讲座中举过这样一个例子：“2000 年悉尼奥运会，中国奥委会实行最严格的兴奋剂检测制度，中国一大部分著名的运动员被查处了。作为报道奥运会的记者，遇上这么重大的变化，我们当然忐忑不安了。我们到记者村去看电视，结果先看到的是中央四套的节目，这条消息是传统的报道，‘今天下午几点，中国奥委会主席、国家体育总局局长袁伟民在召开的什么会上强调，宁可牺牲成绩，也要一次干净的奥运会’。很标准，谁、什么事、说什么，全都有，我们也都正常地看，没觉得有什么不同。又隔了一个多小时，我们看澳大利亚的一个新闻，也是反映这件事，突然看出不一样了，新闻一上来就是‘一个运动员在宿舍里收拾东西，中国的运动员×××正在收拾行李，但他不是去参加悉尼奥运会，而是要回到他的河北老家’。这则新闻的五个 W 是不全的，但是我们就被这样的新闻抓住了，接下来新闻说，‘×××昨天得到了通知，他在进行的血检当中没有合格，他不能再去参加悉尼奥运会了，我相信他的对手都会松口气，因为他是金牌的有力竞争者’。再往下，‘和他相同命运的，还有很多中国运动员’。再往下是中国奥委会主席的表态等，新闻结尾的时候，是×××走出体育总局的大院的画面，解说词的结尾写的是‘×××只需要 9 个小时的车程就可以回到他的河北老家，但是没有人知道，他要用多长的时间再回到这里’。”

值得注意的是，叙事理论作为一种以小说研究和电影研究为主的艺术理论，在用于电视研究时切不可生搬硬套，因为小说与电视之间存在着很大的差异，电影与电视虽有相似之处，但仍有明显的区别。因此，电视叙事学的学科建构不能完全移用小说叙事学和电影叙事学的旧有模式，而应充分把握电视自身的媒介特质以及由此引起的电视叙事的特殊性，只有这样才能凸显电视叙事学的学科价值。

第二节　叙事的理念与技巧

好的电视叙事首先要讲一个好故事，而一个好故事的标准则可以从“对与人自身以及人所处的世界密切相关的过去事件的陈述”角度来考量，这个陈述越是与人自身以及人所置身的世界密切相关，就越是一个好故事。这样就必然涉及对电视叙事的时间顺序与逻辑顺序的关注，即电视叙事从时间进度转移到逻辑进度。托多洛夫曾说，逻辑顺序在读者眼中比时间顺序强大得多，如果两者并存，读者只看到逻辑顺序，它是时间顺序的延伸，由此也延长了叙事链条，留给情节无限的空间。观众在持续加入新元素，在曲线和变换的逻辑顺序过程中保持持久的关注度，期待与期待满足的强度增大，故而“逻辑顺序”是电视叙事的中心。电视叙事其实就是这样一个过程：寻找与人自身以及人所处的世界密切相关的过去事件，然后把这些事件用核心句子进行陈述，其全部内容在于核心语句的拓展，在不停的动荡和平衡中循环。例如，戏剧在创作之初首先考虑的是何种故事最引人瞩目，其遵循“紧密性”的原则，旨在选择普遍存在并且具有广泛推广意义的文本中的故事母题来激起最广泛而深刻的人类情感共鸣，如爱情故事中，爱情是永恒的主题；其次，考虑的是细化具体的主题形式，如一个灰姑娘式的爱情故事；最后，找出其中的亮点，如郎才女貌。由此可见，“好故事”与核心句子密不可分。

对于电视叙事，编导除了要遵循基本宏观原则之外，还应该从具体的方式和手段出发，力求把故事讲得吸引人。这里以电视片为例，主要从以下五个方面进行详细说明。

一、故事的主体——人

德国古典哲学派创始人伊曼纽尔·康德(Immanuel Kant)曾说，人是目的，而不是手段。但是，从辩证唯物主义的角度来看，人的价值在社会关系中存在，既有社会对个人的尊重和满足，也有个人对社会的责任和贡献。因而，人既是目的也是手段。

人是一切艺术表现的永恒主题。人和人之间的情感是相通的，让电视片感人的最好方法就是让新闻里的人物用情感去打动观众。正如文学与电影当中都有主人公一样，新闻报道中也同样需要人作为主体。对人的描述应该包含其前世今生、人际关系、行业状况以及生活情感等诸多方面，塑造一个完整、鲜明的人物形象，就必须做到“以人为本”，电视新闻也是一样。

电视最核心的就是人，人们永远是因为关注人，才关注新闻。总之，人类所有的文化产品都是在描写人和人性，从来没有偏离过，虽然有的表面上看不是，但实质上全是。

电视编导的职责就是找到能承载节目主题的人，然后讲这个人的喜怒哀乐、悲欢离合、奋斗追求，讲他个人的故事。编导要永远关注人的命运。人和人之间的感情和关注是相通的，节目要想感人、吸引人，最好的办法是用节目中人的情感和经历去抓住观众的眼球。观众关心的就是编导最应该关注的。

在以人物故事替代问题理念传播方面，编导要注意以下两点：

(一)“人”必须是个体的人，而不能是群体的人

相对于群体，观众更喜欢关注个体的命运。有一个著名的记者曾经说过这样

一句话:“1 000 个人的死对观众来说只是一个数据,而 1 个人的死对观众来说就是一个悲剧。”一个人的故事是鲜活的,而一群人则抽象了很多、概念化了很多。所以,叙事对象要个体化,要注重对具体人物的深入挖掘。

比如,要做一个关注 700 多万大学毕业生就业现状的报道,过去的做法可能就会很宏观,但现在不会了。现在这个片子或者这篇报道一开始会先讲述一个人物,会用镜头或者文字去描绘这个画面:星期五这天,早晨四点多胡宁就起床了,他拿出已经准备了好几天的衣服,这样风格的衣服他平常很少穿,他要去参加在工体举行的招聘会,这已经是他进入大四之后参加的第 12 场招聘会了。

更多的电视人一定这样选择,由一个个体、一个具象的东西、一个主人公的概念切入,接下来可能会有一个转折:“其实,这天要早起的不只胡宁,与他相同命运的是今年 700 万个大学毕业生,这个数字与被称为史上最难就业季的去年相比还多出了 30 万。”视角一下子就被横向拉开了,接下来有宏观的观察,但最后还是要回到个体,回到胡宁这个故事里。

国外新闻,现在已经下意识地使用李先生、王先生这样的称呼,将具体的名字、具体的人物放在宏大的新闻事件当中去进行表达了。观众会觉得无主人公便无事件,可信度变弱,可见观众已经完全接受了新的讲故事的习惯。

所以,编导首先要明白,新闻同样是讲故事,真实的事情也需要通过讲故事的方式进行传播。我们在对外宣传和对内宣传中,有相当多的失败案例,究其原因,就是因为不会讲故事。耗费了大量的金钱、时间和精力,却没有收到好的效果,很重要的一个原因就是我们不会用故事来讲述新闻。因此,编导要接受这个概念,即电视片的制作与传播是一个拍故事和讲故事的过程,并不是说故事一定是虚构的、跟新闻无关的,实际上,报道真实的事件也需要会讲故事。编导先要在观念上明白这个道理。

2014 年 2 月 9 日上午,中央电视台对东莞市部分酒店经营色情业的情况进行了报道。本是一次常规的新闻报道,却引发了大规模的社会舆论。主要原因是,中央电视台的新闻报道中过多且泛化地展现了东莞底层性工作者的状态,镜头语言暴露,颇有哗众取宠之嫌,从而引来了一片网络舆论的同情和对央视的声讨。从这则报道中可见,东莞地区和色情行业本身具有相当大的复杂性,报道中对地区环境背景展现的不足直接导致了对象典型性的缺失,非但不能有效地“以小见大”,还导致报道本身缺少精度和锐度。此外，虽然报道中有了“人”，但明显不够具体。性工作者连同购买性服务的人在内构成一种群像，没有具体的故事，只有直白粗暴的镜头展现，难免存在“猎奇”之嫌，使报道内容归于泛泛。如此，既不能使观者真正了解现象背后的人物的生存状态，也不能真正体现人文精神。

有时候，很难用一个人物承载选题的全部主题，这种时候，通常的做法是找到一到两个重点人物作为叙事的主线人物，把他的故事讲透，其他的故事简单说说即可。

例如电视片《中国》，全片为了展示中国的政治、经济、文化、民族、社会问题等各个方面，每一个方面都找一个具体的人，让他们来讲自己的故事，通过一些必要的背景信息的陈述，展现中国的全貌。比如通过刘女士一家的故事来展现农村的现状；通过农民工孙峰在上海追梦的故事来展现中国农民面临的困惑；通过练习体操的金杨蕊娜的故事来展现中国人的奥运梦；通过上海的一个女白领钱春多整容的故事来展现中国面临的就业问题；通过甘肃兰州的缉毒女警察周琳的故事来展现中国面临的毒品问题等。全片十几个人的故事并非平均分配时段，而是有主有次的，根据主题和表达的需要，金杨蕊娜和孙峰被确定为全片的重点人物，贯穿始终，在结构上也起到统领全片的作用。

（二）“人”必须是真正意义上的人，而不能是符号化的人

讲故事容易，讲与人类情感共通的故事不容易。电视新闻要想打动人，就必须从“共情”入手。而所谓去符号化，即在讲人的故事时，不但要讲人的工作，还要讲人的生活、情感；不但要讲人的欢乐，还要讲人的犯错、烦恼。每个人都是有缺点、不完美的人，只有全面地反映生活，抓住其中的细节，才能展现真实人性的闪光点。

比如拍摄一部某个“大人物”的相关电视片时，就要尤其注意对细节的处理。对于平常百姓而言，“大人物”，诸如各国政治元首、社会精英或时代先锋等，更多时候是一种概念化、符号化的存在。我们可以从媒体报道中见识他们精心打造的形象，却对他们正襟危坐的高大形象背后的生活一无所知。而恰恰镜头背后的生活才是观众、老百姓关注的，因而，对于“大人物”纪录片的拍摄，细节处理尤为重要。

二、故事的血肉——细节

1939 年，全电子电视在纽约世界博览会上首次展播，德国电影理论家鲁道夫·爱因汉姆(Rudolf Arnheim)用诗一般的语言歌颂电视的魅力："我从飞机上穿过云层看到阿尔卑斯山的雪峰，穿过潜水窗子看到热带鱼，汽车工厂的机器、探险者的船在同北极的冰层搏斗，看到维苏威山有灿烂的阳光，而一秒钟之后又看到在同一时间照耀着百老汇的霓虹灯。"当时，电视还是一种崭新的传播媒介，除去显而易见的娱乐功能，人们对它的传播认识还比较模糊。爱因汉姆天才地预见电视将会成为一种最有吸引力的新闻传播媒介，这番激情满怀的描述让遥不可及的情景穿越时空，变得咫尺可辨。而这归功于电视新闻报道最激动人心之处——细节。

细节是一个文学概念。《辞海》中对"细节"的定义是："细腻地描绘人物性格、事件发展、社会环境和自然景物的最小的组成单位。"而电视媒介在传播新闻方面与传统的纸质媒介有明显的区别，对电视新闻细节的定义也理应呈现出电视的特性。电视节目中的细节是富含新闻价值、人物情感和象征意义的细微之处的，包含视觉细节(神情、动作、物件、环境)、声音细节(语言、音色、语速语气)、剪辑细节(对比剪辑、积累剪辑)和文本细节(解说词、字幕)四大类。

电视新闻细节引导观众的各种感知器官互相作用，还原生活中最本真、自然及复杂的内涵。可以说，电视新闻有了细节也就方便了交流，进而与观众形成一种特殊的亲近感。由此电视编导应当具备发现、捕捉和放大细节的能力。

一般来说，电视新闻的细节主要通过视听语言进行构筑，即画面细节与声音细节。

(一)画面细节

画面即视觉语言，一条电视新闻仅有的几个镜头无法形成情节。其传播魅力的体现，全在于对细节的运用。细节，是对人、事、景、物进行具体形象的描绘和刻画，充分发挥非语言因素的众多特点。丰富的细节，使画面更有吸引力，人物会因细节而更加使人难以忘怀，事情会因细节而更加感人。可见，画面细节可以使电视新闻产生一波三折的叙述效果，增强叙述过程的艺术感染力，激发观众情感，使他们在观看之后留下深刻的印象并获得丰富的信息。

画面细节主要通过不同景别的镜头和各种形式的运动镜头来实现。

景别，即被摄主体占据画面的范围，一般分为远景、全景、中景、近景、特写五种。不同的景别功能不同，对细节的表现力也各不相同。在电视新闻中，各种景别通常有机组合，共同服务于主题。

2001 年 6 月 17 日中央电视台《晚间新闻报道》播发的关于南非举行反种族隔离纪念大会的短消息，就是由 10 个不同景别的细节镜头组合而成的，具体如下：

镜头 1：大批示威游行的学生（远景）

镜头 2：姆贝基总统带领学生游行（中景）

镜头 3：游行的人群（远景）

镜头 4：25 年前警察用武器对付手无寸铁的群众（远景）

镜头 5：一个手抱彼得森尸体的人（全景）

镜头 6：许多黑人惨死街头（远景）

镜头 7：姆贝基给彼得森纪念碑献花圈（中景）

镜头 8：姆贝基讲话（特写）

镜头 9：现代黑人社区状况（全景）

镜头 10：骨瘦如柴的黑人（特写）

（注：彼得森是第一个为争取平等权利而献身的 13 岁少年。）

在这则新闻报道中，五种景别悉数登场，其组合编排也十分讲究。远景和全景主要交代事件背景和环境，展现场景和事态的变化；中景展现人物的具体动作和人物关系，突出手势动作和情绪，起到内外场交流的相互作用；而特写则着重展示情绪，“刻意”吸引观众的注意力，形成内容核心。不同景别的细节镜头从不同侧面、不同视角有力地表现了种族主义的惨无人道，表现了南非黑人用鲜血、生命换来政治平等的历史，给观众以极大的震撼。几种景别的相互组合也平衡了画面节奏，使整个画面衔接流畅、生动自然。

运动镜头是摄像机在运动中拍摄的镜头，分为推镜头、拉镜头、摇镜头、移镜头、跟镜头五类。运动镜头易于产生强烈的视觉效果，使画面形象发生变化。和景别类似，不同形式的运动镜头在细节呈现方面的功能不同，各有优势，此处以推镜头为例。

推镜头是指从一个较大的画面范围和视域空间起动，逐渐向这一画面和空间中的某个细节形象接近的运动镜头。推镜头的使用使这一细节形象的视觉信号由弱到强，并通过这种运动所带来的变化引导观众对这一细节的注意。比如，一条拍摄卖假种子坑害农民的新闻，画面先是一个农民的近景，然后是对他手掌中捧着的一把干瘪假种子的特写，这一推镜头细节强调了假种子给农民造成的伤害，激发了广大观众对坑农行为的憎恨之情。又如，《唐山大地震20年祭》中的一个资料细节镜头更是震撼人心——由一片废墟的全景急推至废墟上的一只停了摆的闹钟，闹钟指针停在3点42分，这正是大地震发生的时刻。

由这两则新闻可见，单一的特写细节画面不足以建立起与事物整体相关联的真实感，而加入推镜头则能抓住重要情节，明确整体与局部的关系。在镜头推进的过程中，观众能够看到起幅画面中的事物整体和落幅画面中的有关细节，而且能够感知到细节与事件的相关性。

（二）声音细节

声音细节是在电视新闻声画同步叙述的过程中所插入的一些最能反映新闻“五个W和一个H”的声音信息符号，主要可分为解说词细节、同期声细节和音乐效果声细节。为了确保电视新闻的客观真实性，编导对音乐效果声细节的运用应该相对比较谨慎。此处仅就前两种声音细节做具体分析。

1. 解说词细节

解说词是播音员以语言文字的思维形式播讲新闻内容的有声符号，从客观叙述者的角度交代或评论新闻事实，多用来表达比较具有主观色彩、比较抽象的内容。由于有画面信息的传播，电视新闻解说词相对于报纸、广播新闻来说更加简洁明了，而且更注重对细节的表述。以中央电视台播出的《打击棉花掺杂使假行为刻不容缓》的解说词为例。

三段画面对应三段解说词：

第一段，这是一个县属棉花加工厂，打包流水线的一块挡板被有意拆掉，纺织价值低的短绒就从这里一点一点地被掺入好棉花之中。

第二段，这本来是加工皮棉用的废渣出口，如今被堵得严严实实。走投无路的废棉籽、棉杆，顺着这条管道源源不断地输送到打包车间。

第三段，这家工厂想得更绝，干脆附加一套吸纳装置，短棉绒、棉籽也通过这条吸管混入了好棉花中。

这条新闻的解说词侧重于对细节的描述，把不法分子蓄意掺杂使假的卑劣行径具体形象地向观众做了介绍，从而引起观众对此类违法行为的警惕。

2. 同期声细节

同期声是在新闻现场与新闻内容相关并且共同存在的声音，往往最能反映新闻要素的细节，它的长处是使观众对新闻事件接受起来具有更直接、更具体的真实感，对新闻内容产生第一知情者的现场感，易于引起情感的共鸣。电视新闻中的同期声可分为现场效果同期声和现场采访同期声两类。

现场效果同期声细节是指除去采访，现场能找到声源的声音信息。贝拉·巴拉兹(Béla Balázs)在其《电影美学》中说，我们生活在一个有声的世界里，无论是人类还是大自然，世界上各种物象的语言都是那么丰富，从海洋的喃喃自语到城市车辆的嘈杂声，从车床飞转的轰鸣声到秋雨敲窗的淅沥之声，这一切无时无刻不在丰富着我们的生活，支配着我们的情感。这些声音在电视新闻里就被叫作现场效果同期声，并且由此交代环境、渲染气氛，保证新闻的真实性。中央电视台《国际时讯》转播的一则法国电视台的新闻报道运用了现场效果同期声细节：一位记者在报道世界儿童的现状时，捕捉了一个儿童持枪射击的场面和非洲一些国家童工劳动时的不同场景，枪声和机器声贯穿在新闻中。这则新闻的现场同期声细节堪称现场同期声运用的经典。

三、故事的灵魂——冲突

激烈的镜头语言对叙事内容的贡献并非其主要功能，但却能有效地抓住观众的注意力，将观众的观看欲望延续到后面真正的叙事当中。这种“打起来”的意识其实就是冲突。

“冲突”一词也作为戏剧理论存在，最早由黑格尔在《美学》一书中谈及，“充满冲突的情景特别适宜用作剧艺的对象”。戏剧中的冲突强调人们之间一种直接的反对关系，具体表现为人与人之间的矛盾关系和人的内心矛盾。它可以是某一人物与其他人物之间的冲突，即外部冲突；也可以是人物自身的内心冲突，即内部冲突。这两种方式可以各自独立也可以相互交织，相互作用并互为因果。此外，还有人同自然环境或社会环境之间的冲突。

电视新闻故事化叙事借鉴了许多文学方面的表现方式，冲突是故事的灵魂，也在电视新闻叙事中被广泛运用。人天生渴望看到竞争，竞争的过程本身就充满悬念,竞争容易打动人。表现冲突的方法主要通过对比来实现。

(一)从叙事学的角度来看,展示冲突的最好方式是二元对立

这种方式最重要的是要确定事件中人物类型的划分。俄罗斯著名的民间文艺家弗拉基米尔·雅可夫列维奇·普洛普(Vladimir Propp)在《民间故事形态学》一书中把人物类型划分为七类:英雄、坏蛋、捐赠者、信差、假英雄、相助者、公主和她的父亲,他认为所有故事中的人物都可以归纳为这七类。而语言学家格雷马斯(Algirdas Julien Greimas)把叙事文本中的角色分为主角和对象、支使者和承受者、助手和对头六种类型,六种角色两两相对,形成了三组二元对立的关系。六种角色的相互作用形成了一个叙事模式:支使者引起主角行动,主角的行动指向一定的对象,在这个过程中主角常常遭到对头的阻挠,通过助手的帮助,主角最终克服困难,获得对象。

在《讲述》2012 年 4 月 11 日的连续报道——“梦想开始的地方”中,主要被摄对象曾维邦既是支使者也是主角,他希望在通俗音乐的道路上实现自己的梦想,但是母亲经过咨询,更希望他报考美声专业,留在北京,曾维邦只能一边学习通俗音乐一边学习美声。但是,曾维邦将主要精力放在通俗音乐的培训上,在学校的选择上也只注重通俗类院校,虽然节目没有给出结局,但可以看到,曾维邦自己帮助自己克服困难,为的只是达成愿望。茨维坦·托多洛夫认为,故事就是一种平衡以及通过不平衡达到新的平衡的叙事。

(二)一种特殊的冲突表现法——对比法

对比法是一种特殊的冲突表现手法,它通过对不同对象的横向比较(同一空间的不同对象)或同一对象的纵向比较(同一对象的不同时间),营造一个相互强调、相互作用的矛盾冲突环境,激发观众的想象力,形成“兴奋点”,让观众在强烈的对比反差中悟出思想内涵,使新闻事件的性质、状态与特征更加鲜明突出,从而大大增强新闻报道的表现力和说服力。相对于二元对立法,对比法这种报道手法不是事物自动呈现出来的,而是记者人为创设的。

接着上面的例子,节目选取在北京参加培训的来自山西文水农村的王佩军和来自湖北荆州的曾维邦进行对比,不像王佩军独自一人,曾维邦有母亲的陪伴;同样是学生,由于农村和城市的区别,身份也有所不同。从曾维邦母亲自身的角度进

行对比，为了儿子的学业，她放弃了工作来陪考，她在家乡曾经营一家皮包公司，丈夫在银行工作，年收入四五十万，生活过得安逸，但在北京却只能住在十平方米左右的地下宾馆，这也是一种对比。节目从横向与纵向上同时运用对比手法，自然而然地使观众感受到艺考之路的艰辛和年轻一代人追求梦想的执着。

与叙事对象自身所包含的冲突性相比，对比手法的有效使用要求记者有一双善于比较、善于发现的眼睛，能够在繁复庞杂的社会环境中发现可以比较的事物和比较点。只有在对比中理清事物的相同点和不同点，新闻价值才能自然显现。

四、故事的面貌——视听表现

好故事有三重境界，首先是解说词写出来的故事，其次是话筒采访出来的故事，最高境界则是画面语言展现出来的故事，这也是最符合电视规律的。因此，好的文学故事不等于好的电视故事，因为前者是在“听故事”，而后者是在“看故事”。

电视新闻借助现代化的传播手段，对大千世界中有传播价值的人物和事件客观及时地进行报道，它融图像、解说、音响和文字为一体，图文并茂，传播迅速，形成了自己的独特优势。电视新闻主要通过画面和解说的方式进行传播，视听语言尤为重要。如何使声画相得益彰，在稍纵即逝的流动中让人过目不忘、赏心悦目是一个重要的问题。这里面确实有一个镜头语言的运用的因素。也许有人说，新闻是对客观事实的报道，特别是电视新闻，可以通过直观的画面反映事实，事实本身就能说明问题，只要如实报道出来就行，又何必刻意去追求？诚然，相较于电视剧等艺术作品而言，电视新闻的视听语言为一般人所忽视，但电视新闻是声音和画面的组合，在遵循新闻规律的前提下，存在着如何拍摄和剪接画面、如何搭配解说和音效等一系列问题。同样是电视新闻，报道的角度不同、画面的编辑不同、解说的搭配不同，其效果也会不同，有的震撼人心，有的平淡乏味，有的赏心悦目，有的杂乱无章，这其中就体现着电视工作者的追求。

（一）视听呈现的基本原则

电视新闻主要是通过视听语言实现的。电视片的视听语言要让观众认可和接受，必须具备以下三点：

1. 真实性

新闻的真实性，就是新闻报道除事件、地点、时间、人物、原因等准确无误外，从事实的整体和联系上看也必须符合客观实际和发展规律。新闻报道一定要真实可靠，没有或部分缺乏真实性的新闻节目，视听语言运用不当，夸大或缩小事实，甚至弄虚作假，都是不能被称为新闻的。

2. 时效性

新闻要有时效性，喜新厌旧是人们普遍存在的正常心理，这种心理对电视新闻来说同样适用。除了时间要求，事实新、形式新和创意新也是实效性的基本要求。新闻不但要传递信息，同时还要提出见解、挖掘深度，给观众带来思考和启发，这就是《焦点访谈》能够受到观众喜爱的重要原因。

3. 完整性

令人印象深刻的事物总是表现为具体可感的形象，新闻事件也是如此。新闻事件主体形象与构成它的环境之间形成了一个完整统一的整体。电视新闻的完整性，需要编导运用视听语言尽可能地捕捉一些独到的画面并配以相应的声音，从而补充和升华主题。在剪辑方面，编导不仅要注重纪实段落的相对完整，以及用镜头之间的关联性来讲故事，还要注意过渡与转场。

（二）非视听内容的视听表现

电视的特性决定了创作者只能借助视与听两条渠道向观众传达视听以外的其他感受，比如嗅觉、味觉、触觉和变化万千的心理感受。用视觉形象传达感受，所选用的画面应该尽量贴近、准确、直观、浅显，使观众看到画面便能立刻领悟其中的含义。

非视听内容是指不能用视听语言直接记录的或者视听语言不擅长表现的内容，主要包括嗅觉的、触觉的、味觉的内容，抽象的内容，过去发生过又没有被记录下来的内容，以及人的心理活动四类，而表现这四大类非视听内容的技巧如下：

1. 表现嗅觉的、触觉的、味觉的内容

以绘画而论，相传北宋皇帝宋徽宗赵佶喜欢绘画，常以诗句为题。有一次，徽宗出“踏花归去马蹄香”一题，让画家表现。有的画家着重表现“踏花”，于是画了许多花，一人骑马在花瓣上行走，表现游春；有的画家立意在“马”上，画一位策马少年疾速归来；有的则在“蹄”上下功夫，画了一只醒目的马蹄；只有一位画家匠心独运，领悟全诗，气韵凝于“香”上，画上一位官人骑马扬鞭归去，几只蝴蝶追逐着马蹄蹁跹飞舞。在这句诗题里，“踏花”“归去”“马蹄”都是比较具体的事物，容易体现出来，“香”

字则是鼻子闻得到但眼睛看不见的，而绘画是需要用眼睛看的，所以难于表现。

对于电视来说也是同样的道理。声音和画面是电视镜头语言可以直接表现的部分，相对而言，五感中的其余三感——嗅觉、触觉、味觉的内容不易于展现。此三感必须接触直接的事物方能成形，借助声画形式来表现则有一定难度。除绘画外，电视也可以借助蒙太奇手法来巧妙地表达抽象的感官内容。同时，电视是直白且通俗的，间接的表达会对观众形成理解门槛，故而电视新闻在展现嗅觉、触觉和味觉的内容时一般会在蒙太奇的基础上采用电视新闻记者描述自己身体感觉的方法来实现，只有这样方能做到直观且生动。

在《每日农经》2013 年 9 月 12 日的《马蜂养殖巧赚钱（上）》一期节目当中，记者王玥跟随当地的捅蜂窝高手万芳芝一起体验取蜂卵的全过程，其中多处涉及身体感官的信息，记者王玥都是用描述配合画外解说的方式来传达各种体验，让整期节目内容丰富，可触可感。

节目一开始是对画外解说的铺垫：“别说惹不起，恐怕一般人连听到它的名字都会闻风丧胆。马蜂的尾部有一根长约 5 毫米的毒针，蜇人后就会释放蜂毒，蜂毒是一种腐蚀性很强的酶，过敏的人会出现窒息、肾衰竭甚至危及生命。日本每年至少有 40 人死于马蜂。”紧接着是记者王玥一个闪身惊呼：“哎哟！”（后被证明仅被荆棘扎到），记者闪身，神情紧张的画面被重复三次，使得被解说词带入的观众同样有一种被“刺痛”的感觉。在万芳芝成功烧掉蜂窝之后，镜头向观众展示了蜂巢内镶嵌着的半熟蜂蛹。

记者：啊，你们平安归来了，太好了，我看看你手上拿的，哇，这就是你们刚刚烧的啊？这宝在哪里啊？

万芳芝：在这里啊，你看看。（蜂巢中嵌着金色的成形蜂蛹，万芳芝拿起其中一个径直放进嘴里）

记者：天啊，你就这样吃了？

万芳芝：是啊，你吃一个，很好吃的，营养很好的。（万芳芝将蜂蛹递到记者面前）

解说：原来这宝贝就是蜂蛹啊，对老万来说可能蜂蛹是种美味，对王玥可就是个挑战啦。

记者:我不敢,太可怕了。这个就已经长成形了。这个怎么敢吃啊?

万芳芝:你吃一个吧,很好吃的,营养很好的。

记者:不不不,你说的这个宝就是它吗?

万芳芝:是啊。

记者:那这个能卖多少钱啊?

万芳芝:这个就不卖了,今晚就上我家吃这个吧。

记者:那我得做足了心理准备啊。

解说:在当地,最简单的吃法就是油炸,可嫩可酥,都能吃到它的本味,有的村民甚至把它当作蛋白质的来源,王玥能吃到这样的好东西也算没白来阳朔一趟啊。

万芳芝:来,尝一尝。

记者:这炸好了?

万芳芝:嗯。(镜头展现炸好的蜂蛹)

记者:这看起来炸得油光锃亮的,哇,好香啊,感觉有一种乡村的原生态味道,我来尝一下哈,这个长成形的还不敢吃,就吃这种小一点的吧。吃起来是一种酥酥的感觉,里面呢,是面面的糯糯的感觉。

万芳芝:你看我吃,不怕的,很好吃的。

在以上的试吃蜂蛹环节中,蜂蛹的气味、味道以及试吃时的心理状态都是由记者的神态与描绘,配合画面的呈现、画外的解说词来完成的。其中,记者回家前后截然不同的状态对比加深了吃蜂蛹对观众的感官刺激,让观众跟随记者置身其中,获得真实的信息体验。

2. 表现抽象的内容

“釜石港防波堤,工程总耗资约 1 200 亿日元,约合人民币 94 亿元,防波堤的北堤全长 990 米,南堤全长 670 米,高 63 米,满潮时露出水面的高度为 4.5 米,水下为 58.5 米。”这是《新闻调查》2011 年 3 月 19 日名为“日本大地震”的灾难新闻报道中关于釜石港防波堤的一段描述。这段解说词包含着大量的数据信息,精准的数据客观真实地刻画出事物的形貌特征。这些信息也可以通过解说的方式直接呈现,但是却难以形成具体印象,枯燥晦涩的表达会使观众对其产生认知疲劳,形成距离感，最终阻碍信息的有效传播。

在电视新闻当中，大量抽象的信息不可避免，如时政新闻中会涉及大量的数据和政策信息，而针对抽象的信息，电视新闻经常采取与解说词相关的表意镜头，形成声画蒙太奇，完成视听表现。上述案例中，解说词配以海啸发生前釜石港的画面以及日本各防波堤电子标示图，观众通过影像中的具体形象、背景环境和建筑物的参照比对便容易得出釜石港的体积概念。

随着技术的发展，“数据新闻”成为在大数据和数据可视化时代背景下的一种全新的表现形式。其旨在借助图形化的手段，将美学形式与功能需要齐头并进，从而清晰有效地传达信息。在电视新闻中，数据可视化除了借助信息图表外，还借助音频和视频元素，通过非线性编辑技术把这些元素在“时间轴”的概念上将内容形象化、时空层次化、信息秩序化，并最终以动态的视频形式表现出来。

对于时政新闻来说，解读政策是其报道的价值所在。如果再能将这种可视化的数据变为故事性的叙事，受众的接受度就会更高。2014年“两会”期间，中央电视台综合频道《晚间新闻》推出《“据”说两会》版块，时长控制在五分钟左右。每期选定一个网友、观众与代表广泛关注的话题，利用百度大数据、微博大数据等解读提案。下面以其中一期主持人顾国宁采访政协委员朱永新《如何让阅读变“悦读”》的部分内容为例。

朱：人均阅读量，像有一些发达国家每年要几十本，甚至超过50本，但我们才5.14本。所以我觉得我们和其他的民族和国家还是有很大的差距。

顾：朱永新委员所说的，相信很多人也有体会，狭义上的读书，的确越来越少。不过广义上我们时刻都在接收信息，都在阅读。新浪提供的数据显示，48.7%的网民，平均每天阅读时间为1个小时左右，这也是近一半网民的阅读量。

从以上内容可以看出，简单易懂的动画和图片使大量的信息通过分析和汇总形成体系，帮助受众理解得完整，从而平衡受众之间的文化差异，消除受众与“两会”的距离感。

图 5-1 “大家每天花多少时间在阅读上”的视频截图

总之，电视画面最大程度地发挥了具象媒介记录和叙事语言的长处。电视画面在电视新闻中所起的是突出、深化主题的作用。记录什么并不重要，用什么手段记录、用哪种技法记录、选择什么造型元素以及怎样将其组合在一起才是重点。

3. 表现过去发生过又没有被记录下来的内容

例如一组这样的镜头：一只小船悠悠地从桥下游过，两岸是江南的山水，配上隐约传来的箫声，哀婉又灵动；再如大批百姓迁居北京的镜头：蒙蒙的细雨，前景是大片青翠的草地，在画面水平三分之二处有车马缓慢通过，这种画面构图和色彩完全是一幅山水画的动态翻版，独具中国味道。这段关于明朝建文皇帝失踪远逃的情节并不出自书本或电视剧，而是大型文献纪录片《故宫》当中的一个场景。镜头被适当虚化，并且加了褪色和柔光效果，使画面极具复古写意之感，犹如文献资料。这种手法即真实再现，它一般是在失去现场记录机会的题材和场景中使用的，意在让亲历者重新回到故事的发生地进行讲述。

真实性是新闻的生命。电视新闻通过其特有的声画同步记录手段传递现场信息，虽然有适当加工，但信息损耗较小，“搀水”不多，可以做到“眼见为实”，故而纪录片主创和电视新闻创作者都应该有抢抓第一手资料的能力与意识。但是，受到采访、拍摄条件等客观现实原因的限制，在拍摄团队实在无法或未能抵达现场且事件复杂，或者一些涉及造成理解障碍的专业知识以及原理在缺少画面支撑的情况下，可以适当借助“情景再现”进行辅助说明。

如央视的《法治在线》曾播出“第一现场：高架桥夜捕飞车贼”时，通过隐藏在高架桥边一座居民楼内的摄像机，真实记录了广州某高架桥上一段时期内频频发生的飞车团伙抢夺行人财物的现场实况。其中有一段 1 分钟左右的长镜头，表现的是飞车贼为抢包明目张胆地将一名不肯放手的受害者在桥上拖了 20 多米的场景。犯罪者的猖狂、受害者的无助在这个摇摇晃晃的长镜头中一览无余，客观冷静的镜头与拍案而起的观者，现场的张力胜过一切有声有色的描述和评论。

再如在《新闻调查》的一期节目《丢失的孩子》中，有贩卖孩子的画面，有找孩子的画面，还有警方救孩子的画面，节目根据事实进行了多处“情景再现”。这样的画面表现不仅使事情经过变得完整，而且使故事的讲述节奏跌宕起伏，留有余味。除了表现打击犯罪的主题外，这期节目更多是通过一买一卖、一救一还的画面，向观众展现贩卖儿童现象所引发的情与法的冲突，从而在很大程度上有效地缝合无法表现的缺口，向观众流畅地展示事件全貌，增加法制事件本身的故事性和哲理性。

因核心事件现场缺失而造成“叙事断点”是法制节目制作的难点。在这种情况下，最常用的补救方法是请旁观者或当事人回忆事发经过。这的确能在一定程度上起到还原现场的作用，但由于事件中起关键性作用的场景缺失，不但弱化了节目的表现力，还可能影响观众的理解和接受。用“情景再现”的方法恢复过去案件的发生过程，既能再现案件全貌，明晰细节信息，又能保证内容丰富且富有张力，还能最大限度地保证结果真实，增强节目的逼真感与现场感。

4. 表现人的心理活动

文学理论认为，描写人物的心理活动，就是通过对人物在一定环境中心理活动的描写，向读者直接披露人物的精神世界和复杂心理，使读者直接感知人物在彼时彼地的特定心理状态，这也是文学作品最具优势的部分。“外面的黑暗渐渐习惯了，心中似乎停止了活动，他的眼不由得闭上了。不知道是往前走呢，还是已经站住了，心中只觉得一浪一浪的波动，似一片波动的黑海，黑暗与心接成一气，都渺茫，都起落，都恍惚。忽然心中一动，像想起一些什么，又似乎是听见了一些声响，说不清。”这是老舍《骆驼祥子》中对祥子的一段心理描写，如“一浪一浪的波动”用比拟的手法将忐忑不安的心理描绘得淋漓尽致。然而，影像文案中最忌讳出现“××想”的字眼，因为单纯的“想”字是无法通过画面进行呈现的。

生动的事件需要通过人物化来展现，而人物心理又是人物塑造的精髓所在。对人物内心世界的揭示能够让人物的外在活动有思想感情的根由，使人物形象血肉丰满且富有立体感，从而通过“复活”人物来增强人物形象的可信度。但对电视新闻而言，唯有把人物的心理活动渗透到外在活动中去描写，才能将思维形成实体进行透视性的反映，进而使人物的心理活动形象化。因此，解说、同期人物采访配合音乐的综合运用，成为电视新闻表现人物心理的不二之法。

现场采访同期声专指新闻现场采访者与被采访者的语言声音，它包括被采访者的讲话、发言、与记者的对话以及记者在现场的提问、叙述、评论等内容。现场采访同期声在电视新闻报道中的地位举足轻重。现场采访同期声的运用可以在交流中使观众认同新闻的真实性，产生对新闻的参与感，引起情感共鸣。此外，采访同期声还能有效地塑造记者形象，易于形成鲜明的采访风格，一定程度上甚至可以左右电视新闻节目的定位和品牌形象。

典型的案例是央视深度调查类节目《新闻调查》。该节目以双机拍摄、记者现场采访、现场评述、对事件多角度分析、递进式探究为基准样态，一直沿用至今。调查者，即记者，既是调查行为的主体，同时也是一个节目的结构元素，个性化的采访是出镜记者的基本素养和最高要求。这里以其中一期节目《双城的创伤》为例，该期节目以武威数名少年相继自杀为调查内容，以下为记者采访已故小学生苗苗的表弟时的四个段落，并加以说明。

段落一：

解说：5月24日，政府联合调查组撤出了进驻3天的双城小学。同时，对情绪起伏较大的学生，通过亲友和老师劝抚、监护，遏止了学生群体服毒事件的继续发生。5月24号以后，双城小学不再发生学生服毒事件，但是校方仍然面临着如何处理学生心理危机的一系列问题。

记者：你们班和甲班出了这么大的事之后，老师跟你们谈过心吗？

苗苗表弟：谈过。

记者：他怎么跟你们说的？

苗苗表弟：他说，喝药会造成胃病。

段落二：

记者：你心里碰到有事的时候你会怎么办？

苗苗表弟：……忍气吞声。

记者：不能跟老师或者家长说吗，你会去说吗？

苗苗表弟：不会。

记者：如果跟他们说了呢，你觉得会有用吗？

苗苗表弟：没有用。

记者：他们是大人，他们帮不了你吗？

苗苗表弟：是。

记者：你觉得他们能理解你吗？

苗苗表弟：不能。

段落三：

解说：孩子对成年人的不信任，成年人对孩子的不了解，使双方都陷入困境。

记者：你自己心里有疑问吗？

苗苗表弟：有。

记者：那你去问谁呢？

苗苗表弟：问自己。

记者：没法去问大人吗？

苗苗表弟：是。

记者：你觉得这件事他们不能给你解释吗？

苗苗表弟：不相信他们的解释。

记者：那你自己能回答得了自己吗？

苗苗表弟：回答不了。

记者：你回答不了自己的时候，心里会觉得难受吗？

苗苗表弟：难受。（啜泣）

记者（让苗苗表弟去洗脸）：难受怎么办？……你在心里跟你姐姐说过话吗？

苗苗表弟：说过。

记者：你跟她说什么呢？

苗苗表弟：你好吗……

段落四：

解说：进入六月，双城小学六年级的孩子都已经顺利毕业了，小镇的生活看上去恢复了平常，但是服毒事件留给双城的创伤真的愈合了吗？在孩子们内心深处是不是像大人们所认为的那样平静呢？悲剧会不会重演？

记者：如果在这段时间里，再碰到一些不高兴的事情，你觉得你能承受吗？

苗苗表弟：能。

记者：真的能？

苗苗表弟：能。

记者：用什么去承受呢？

苗苗表弟：毅力。

上述四段采访是一个逻辑递进的过程。段落一中，苗苗表弟的情绪相对稳定，能够陈述一些基本的事实；进入段落二后，记者开始顺着前面的话题去问涉及有关当事人想法的问题，被访对象开始吐露心声，从断断续续的同期声语调中明显透露出情绪的波动；进入段落三后，当记者问及已故表姐苗苗时，被访者彻底不能自控，一度哽咽不能继续，记者在一边并没有停止追问，也没有步步紧逼，而是蹲下来让被访者整理情绪后再继续受访；最后一段，被访者的情绪平静下来，做了总结式的表达，虽然语气平和，但始终面容憔悴、声音低沉，显示出不被理解只能自己承受的深深的无奈。整个过程摄影机的角度没有太多变化，一直从被访者的背侧进行拍摄，同期记录了被访者的话语和情态，适时出现的解说为采访内容做了合理的补充解释。与此同时，采访者的身体语言不断向被访者靠近，问题连续、深刻且富有逻辑。在整个片段中，编导并没有特别加入音乐元素进行辅助渲染，而是在保持了真实客观的同时，用自然声表现出一种冷峻的态度。

第三节 视角和悬念的设置

一、故事的骨架——视角

首先，我们从叙事视角来分析，日本导演黑泽明执导的影片《罗生门》当中最令人称道的便是其叙事的架构，即同一个事件，分别从不同当事人的视角进行讲述，使整个事件呈现出截然不同的结果，而最终的裁决者则是作为旁观者存在的观众，这是依照叙述者的不同而呈现出的视角差异。其次，我们从镜头视角来分析，仰拍通常给人高大伟岸的印象，如《公民凯恩》里面的大仰角；俯拍给人渺小轻视的感觉，如果配合特殊视点，则会使被摄对象处于更负面的境地，如《神女》中胯下拍摄的阮玲玉。这里的视角差异是由观察者本身的定位差别所造成的。正如苏东坡在《题西林壁》一诗中所言，“横看成岭侧成峰，远近高低各不同”。不同的视角能够带给新闻不同的外形气质和价值体验。

视角是叙事学上一个很重要的基本概念。“叙事视角即构建叙事的角度。”新闻的视角是叙述新闻的观察点，一定程度上决定着新闻的框架、内容，表达着作者的立场和态度。它可以由事件叙述人控制，也可以由文本作者掌握，新闻工作者通过“观察者”的视角来组织事件并以恰当的人称方式表述出来。

新闻的视角因叙述者对所叙述故事的控制程度、参与程度以及引用叙述时采用人称的差异而有所不同。每种叙事视角对新闻的建构有着不一样的作用和效果，各有优劣，如固定、限知的“小”视角多擅长描绘，而多变、全知的“大”视角则更偏向于介绍。不一样的叙事视角的运用对故事化新闻的故事性有着较大的影响，叙述者在新闻拍摄过程中使用哪种视角要依据需要而定。一般而言，在“走转改”的号召下，电视新闻的视角主要呈现出亲历真实、平易近人和现场观感的趋势。

（一）亲历者的视角

亲历者的视角是叙述者作为故事中的一分子进行叙事的角度，即故事内的人物眼光。从表现形式上看，亲历者视角中的叙述者既可以是记者，也可以是新闻事件的当事人。在用亲历者的视角叙述的新闻当中，叙述人从属于整个故事的情节，叙述者的所知决定了整个新闻的内容呈现。其中，叙述人的视点是相对固定的，既不能知晓一切，也不能自由地出入故事。这种着力于描述自己见闻和感受的视角使叙事带有天然的亲和感和真切感。

亲历者的视角是以故事中参与者的视角来观察事物的，叙述者相对更重视叙述事件中由其参与的部分，而并不完全了解事件的全部。即使涉及外部叙事，也通常仅作表面描绘而不会深入其中。此外，在由新闻当事人作为亲历者进行叙述的过程中，叙述者大多采取跟随事件的发展逐渐叙述的方式，以至于其对事件的结果并不知情。因此，亲历者叙事不可能随意溢出事件本身而进行全面的观察，或以旁观者的身份进行深入的判别和评价。

当记者担当亲历者时，此时的叙事就是讲述自己的故事。此时的记者身兼写作者、叙述者、事件中的人物三职于一身。自然的叙述会让其作为叙述者和写作者的身份被遮蔽，造成叙述者完全不介入而把发言权全部让给人物的幻觉，给人以客观、真实的感觉。这也许是亲历式报道大受欢迎的主要缘由。对于电视记者而言，其在现场要实现“视点”的亲历性，也就是说，电视记者要对现场的时空加以物化传播。

在《历史铭记这一刻——莫城触摸申办成功》(2001 年)这期节目中，北京申奥代表团的记者在结果宣布前并没有出场。叙述采用第三人称，力求客观全面。结果宣布后，记者受杨澜激动溢于言表的情绪感染而忍不住出场，以当事人的身份对“一楼大厅里乒乓一阵响不知什么器材给碰翻了”，以及刘淇“一边讲话，一边被采访的人们挤来挤去”的混乱场面直接出面评价：“像这样疯狂的采访，记者也是第一次碰上。”记者俨然已经将自己的角色融入代表团中。最终以“8 年了，好久啊”的感慨作为结束语，情绪深沉饱满，报道浑然一体。由此可见，记者对事件的评论从无到有，个人抒情色彩也从淡到浓，身份的转变符合当时的情境变化，不仅带动了观众情绪，消解了报道的主观性，而且获得了评说事实的便利。记者对事件的介入程度越深，议论抒情的成分就越容易与事件融为一体。

(二)现场的视角

现场的视角是一种即时传播的视角，多用于突发事件的直播现场。在此类电视新闻中，出镜记者通常使用第一人称，用“我现在所在的位置是……”“我们可以看到……”的方式对新闻事件发生的环境进行介绍，给观众一种身临其境的真实感觉。因此，在这类报道当中，出镜记者就如同观众的向导，通过即时的语言描述和现场视听的展现，以最高效的方式进行信息传递，为观众介绍新闻事件发生的情况。与此同时，现场视角的即时呈现也使得部分新闻事件中的当事人直面镜头时没有反应时间，从而在突发事件面前展现出最真实的状态，让新闻事件更加真实、客观，进而有助于实现事件中不同利益群体之间矛盾的激烈碰撞，引导观众在观看新闻事件的过程当中通过应激状态下暴露出的蛛丝马迹揭露新闻人物的虚假叙述，认清事实的真相。

此外，现场的视角还可以有效增加新闻的冲击力和可看性，使新闻报道的整体呈现层次感。对于现场直播报道而言，谁也不能预计下一刻将会发生的情况。“我就在现场”的叙述很容易将观众带入一种紧张且未知的情境当中，在这种情况下，即使叙述者对新闻背景做了大量描述，但新闻现场的不确定性，使新闻的报道更像是向观众叙述一个刺激的故事，使接下去的情境与结果充满悬念，由此引领观众一起感受、一起期待，激发观众的注意力和兴趣点，最大限度地调动观众的收看情绪，加深关注程度，拓宽关注范围，并有效延长关注时间。

《新闻纪实》在 2011 年 8 月 29 日报道了关于“蛟龙号”海试队的新闻。节目分别采访了 32 岁进行了 35 个潜次的潜航员叶聪、27 岁进行了 21 个潜次的潜航员唐嘉陵和 29 岁进行了 16 个潜次的潜航员付文及“蛟龙号”海试队副总指挥窦永林。记者通过采访不同年龄、不同潜次的潜航员来多层次、多角度地展示海事下潜的重重困难和来之不易的胜利。

1989 年后，中国新闻界开始提倡现场短新闻。所谓现场短新闻，是指迅速及时地反映现实生活中的新事物和新动态的现场报道。这个概念源于 1989 年 10 月举行的首都 22 家新闻单位负责人座谈会，会后各报相继开设或增强此类新闻节目，如《经济日报》的“现场速写”、《北京日报》的“视觉新闻”、《光明日报》的“新闻速写”、《工人日报》的“现场实录”及《解放军报》的“现场见闻”等。现场短新闻对记者的要求是：重视新闻现场和目击采访，重视调查研究和第一手材料；记者在报道时以现场为战场，迅速反应，采写时效性强、短小精悍的新闻。在报道方式上，现场短新闻要求打破旧有的规律，写作方法不拘一格，注重探索和开拓轻松活泼、内容新颖且能反映丰富多彩的时代变革与社会生活的新闻报道形式。

20 世纪 90 年代出现的现场短新闻和体验式报道在新闻报道上有一个根本的特点，就是重视新闻报道的真实性和现场性。改革开放以来，最重要的新闻理念的转变，就是重新认识了新闻的本质，认识了新闻的价值，新闻的真实性成为新闻报道不可撼动的衡量标准。在这种理念的指导下，对于新闻本质和新闻价值的认识变成了传播主体的内在追求，对于如何更好地表现新闻的本质和价值有了清晰的要求，现场短新闻和体验式报道就是在这种理念下出现的。现场短新闻讲究对第一手资料的掌握，讲究对新闻现场性的体会与把握。体验式报道要求记者介入新闻事件，亲身接触报道的对象和内容，这也是追求新闻的真实性和现场性而出现的报道方式。这两种新闻报道方式的创新，从本质上说是新闻视角的创新，是传播者在对新闻本质和价值的认识重新定位后，选择与表现新闻方式上的创新。

（三）平视的视角

平视的视角讲究创作态度的平等。它实现了身份的还原，变高高在上、全知全能的“上帝式”人物为普通人。在采用平视的视角观察事物的新闻报道中，记者通常能充分发挥主观能动性，其价值取向也带有浓厚的主观色彩。随着电视新闻的不断改革，我国的新闻媒体逐渐实现了由“宣传本位”向“新闻本位”、“传者本位”向“受众本位”的转变。传播者在主体意识中强化了“受众视角”，推动新闻视角呈现贴近性和多样性。平视的视角也是对故事的主体——“人”的直接诠释，是“以人为本”理念的直接体现。

《徐州新闻》是徐州广播电视台的一档综合类新闻节目，20 世纪 80 年代末开播，下面分别选择该节目 1990 年、2010 年的一则新闻进行对比分析，来感受新闻视角的演变。

1990 年 8 月 22 日播出的一则新闻——《我市召开棉花收购会议》：

> 昨天上午，我市召开棉花收购会议，副市长王某某在会上指出，做好棉花收购的关键是加大对农民的教育；组织群众交售棉花，在执行收购价格时，要杜绝人情棉、抬价、压价，今年我市棉花收购以农户为单位签订合同，不准少交，少交一斤皮棉，抵交 5 斤粮食。

这则新闻就是一个自上而下视角的典型例子。棉花收购会议，大家最关心的是棉花收购的价格、补贴，农民种棉花是赚了还是赔了，以及影响农民收入背后的深层次原因等，而这则新闻通篇就是领导讲话，说教气氛浓郁，高高在上。

再看 2010 年 1 月 30 日播出的一则新闻——《张敬华检查供水情况：无论如何

春节前供上水》中的几段：

记者：由于新河水厂改造以及南区水污染事件，我市西区等地供水出现问题，特别是5楼以上居民家里没水已一月有余，今天上午，市长张敬华检查市区供水工作时直截了当：无论采取什么措施，春节前都要确保市民用上水。

解说：按照计划，新河矿水厂的供水改造1月20日就该恢复供水，但检测后发现水质不能稳定达标，供水问题依然存在，西区居民5楼以上几乎整天没水。市长张敬华首先来到百合嘉园一户6楼居民家，一进门，张敬华直奔厨房，拧开水龙头。

张敬华：供水出现问题市政府有责任，我向大家道歉，一个星期之内一定保证你们的用水，把春节过好。

解说：随后，张敬华又查看了汉王峨山井、北三环等市区应急供水工程现场……

供水问题牵涉千家万户的日常生活，这篇报道完全改变了以往主要领导的活动画面配解说的方式，加入大量现场镜头：市长与市民的对话、关心、道歉、承诺，一系列的展示，很好地突出了领导亲民的作风，同时也将市民最关心的供水问题一一交代清楚，这种转变就是新闻侧重平民视角的最好诠释。

二、故事的精髓——悬念

《现代汉语词典》(第7版)对“悬念”的解释是：“欣赏戏剧、影视剧或其他文艺作品时，观众、记者对故事情节发展和人物命运很想知道又无从推知的关切和期待心理。”美国剧作家威廉·路特(William Rutter)说，戏剧性故事的讲述者运用更有诱惑力的技巧……来吊你的胃口……从广义讲，他埋下一颗炸弹，这颗炸弹可能是物质的，也可能是感情的，然后把它留到最后爆炸。就这样，他把戏剧中的能量释放出来，这种能量就是悬念。

美国艾默里大学格雷戈里·伯恩斯(Gregory Berns)研究发现，人真正追求的是满足感，满足感体现为对未来不确定感的追求和得到。从最直接的功能来看，悬念是维持读者(观众)阅读(观看)兴趣的重要手段。任何叙事都具有一定的长度,而读者和观众的注意力是相对有限的,根据现代动力心理学的研究,常人将注意力完全集中于一件事,专心致志地介入其中的最长时间是11秒,超过这个时间就需要主体采取强制措施。这种强制对篇幅较短的作品自然不成问题,但在阅读篇幅较长的作品时则是个障碍,因为过多的强制会使心理产生疲劳。因此,如何克服读者(观众)关注度短暂的缺陷,让他们爱不释手、沉迷其中,便成为作家和编导绞尽脑汁要解决的问题。悬念的设置和营造便是其中最为重要的手段之一。

对于电视新闻来说,要想短时间内提高收视率,最好的办法就是把一个充满悬念的新闻做成电视剧,用悬念给观众留下大量想象的空间并引导观众持续关注。悬念是构成故事的重要元素,是故事的精髓所在。新闻想要吸引人,最好的办法也是制造悬念。悬念的构筑主要有以下几种策略:

(一)开头:设问

设问就是自问自答。导语是新闻的开头,是用最简洁、最概括的语言对新闻的主要内容进行总结、提示和点评的第一段话。如果片子能在开始时直接提出一个问题,一下子就能抓住观众的注意力。俗话说,"万事开头难",开头不仅对整个节目的展开至关重要,也直接影响观众继续收看的欲望。

北京台的《北京快讯》曾播出过一条"百事可乐"和"可口可乐"进行商业竞争的新闻,讲的是这两家大公司为了争夺消费者,在北京卖可乐的小摊上动起了脑筋的故事。这条消息在导语上就注意到了悬念引人入胜的作用:"这是一场持续百年的商战,两个世界上最大的饮料公司,在无数次的交锋中各使奇招、刀光剑影,利刃直指对方的要害,而今,战火烧到了中国,战场就在北京的小胡同里拉开了。"这样的新闻老百姓看了心里一定很高兴,世界上最大的公司为了让普通消费者购买自家产品不惜在一个小胡同里拉开战场,这条导语让人对所报道的内容充满期待。

再如"陈水扁可能在看守所过春节"这则电视新闻的导语是这样的:"台北地方法院合议庭裁定羁押陈水扁后,随即陈水扁被押往台北看守所,凌晨完成入所手续。陈水扁的编号是否还是2630,还会绝食吗?状态如何?请看报道。"这样的导语让观众充满期待。

开头实际上是设置悬念的最佳时机,一个优秀的电视新闻,必然会在开头抓住观众的眼球。这就要求开头不仅要在视觉和听觉上有极强的冲击力,还要有吸引观众的悬念。此外,解说词还可以通过提问、倒叙、叙述、矛盾等方法设置悬念,但不论用哪一种方法,都要自然贴切、合乎情理,不能故弄玄虚。

(二)中间过程:内外节奏的变化

电视是视听的艺术,应当有效利用视听语言进行悬念的构置,如同悬念电影一样,用声音与镜头的配合、应用来做电视新闻,即外部节奏,也就是镜头节奏。

以一则关于居民小区没有路灯的电视新闻报道为例。节目开头,是夜晚的场景,突然远处出现灯光,光柱映出了一双白色的鞋子。此处运用低沉恐怖的音乐进行气氛的营造。镜头顺着白色的鞋子上移,一个长发女子映入眼帘。随后,又一道光柱闪现,映出一双红色的高跟鞋,安静的环境配合紧张的音乐使气氛显得更加恐怖。观众的情绪迅速被紧张的视听氛围引导并产生紧张感。此时,镜头跟随女子缓缓进了一个小区,观众此时开始猜想接下来会发生的事。正当此时,姑娘突然大喊一声,冲破黑夜的寂静,观众的情绪达到顶峰。随着姑娘的喊声,对面居民区所有的灯光都奇迹般地亮起,此时响起一段温馨的音乐,和前面紧张、神秘、恐怖的气氛形成鲜明对比,谜底揭开,原来是小区没安路灯。一个短短的开头能够调动各种镜头语言进行情景化建构,结合恰当的音乐营造出极端的气氛,一个个悬念带领观众进入其中,一个精彩的故事由此开始了。

电视新闻报道的内容更加容易制造悬念。编导要注重叙事节奏的把握,故事处处留白又环环相扣,跌宕起伏,这就是所谓的内部节奏,或内容策略。

以山东好人老孟千里蹬车送被卖残女回家的新闻报道为例。一开始是记者接到群众电话,反映的是一个姓孟的男子从山东一路蹬三轮车送妻子到达湖南的故事,记者跟拍采访时发现,该男子是因为没钱才出此下策。当有好心人表示愿意出车相送时,老孟却面露难色,此时报道戛然而止,形成了第一个悬念,即老孟是否愿意接受帮助。次日,记者再次来到老孟露宿的地方,试图揭开老孟不肯接受帮助的原因,追问之下才发现女子没有双腿,老孟对其伤残原因欲言又止,最终经不住逼问,坦露真相——该女子并非自己的妻子。一环扣一环的悬念使整个报道做了十集有余,最终才一步步揭开女子被卖、因逃跑致残、后为老孟所救并答应亲自蹬车送其远途还乡的谜团。倒序的方法使整个故事脉络清晰可辨,又在适当的时机留下伏笔,悬念迭起。如同说书人常说的“欲知后事如何,且听下回分解”,手起刀落之间留一个“活扣”,让观众始终带着一个追剧的状态,对下一步悬念的揭开充满期待。

(三)结尾:意料之外,情理之中

行文虽无定法,但都讲究启、承、转、合。一则新闻除了有好的开篇和完美的主体语言外,还应有个或回应开篇、或留下思索的结尾,以强化全篇的传播效果。姜夔在他的《白石道人诗说》中有这样的精辟论说:“一篇全在尾句。”中国文学创作从来强调有头有尾,这与它最初从说书发展过来有关。抓结尾正像抓开篇,都体现了电视新闻稿件创作的规律。抓结尾对增强整个电视新闻的艺术效果更直接、更有力,往往有画龙点睛的作用,耐人寻味。因此,抓电视新闻结尾,和抓电视新闻主体语言以及电视新闻开篇一样,不仅要紧扣主题,还要具有鼓动性和启发性。一个余韵悠长、出人意料的结尾能够加深悬念,让整篇报道浑然一体。

以一则短消息为例。北京有个民政局建在一个收费公园里面。结婚登记的情侣大多因为心情好没什么意见,反倒是离婚的夫妻本来就旧气未消,还要因为谁掏门票钱的问题又添“新仇”。一天,一位女士办理离婚手续,就因门票纠纷被电视台记录了下来。夫妻二人先是为堵心的门票问题争吵不休,双方都不愿意掏钱。后来公园售票处的工作人员又因此与纠缠不休的两人发生口角,引发妻子一方与工作人员的骂战。而此时丈夫看到妻子受了委屈,又念及夫妻情谊自然站在妻子一边与工作人员对峙,不仅拖延了时间,还让二人都看到了各自的好处。最终,这则因门票纠纷引发的闹剧以夫妇二人放弃离婚收场。生活是平淡的,人们渴望巧合和奇遇。而整则消息最精彩、最核心的部分莫过于结尾的突转,它贴近生活,浓缩着最朴实通达的人情味。意料之外,情理之中,尽显魅力。

一个好的电视新闻应当遵循主题人物化、人物事件化、事件细节化、细节画面化四个过程,层层递进,由表入里,从抽象到具象。就像威廉·大卫·斯隆(William David Sloan)在《普利策新闻奖最佳作品集》引言中所说,最有力的新闻写作风格应采用具体的细节。几乎所有最好的普利策奖获奖作品都是这么做的。报道没有具体细节,就会显得含糊、笼统,要具体使之明确、详细。人的外形描绘能帮助读者更好地抓住其特征,确实的场景细节则能有助于读者想象事情是在哪儿发生的,是怎么发生的。没有具体细节,报道总是那么模模糊糊,动作特点不鲜明。细节使报道生动、真切,使读者能“看到”记者所写的,能嗅到,能听到。

思考与研讨题

1. 请解释叙事的基本内涵。

2. 电视编导在选择人物、表现主题的时候应注意些什么？

3. 电视片的细节有哪些类别？

4. 如何表现非视听性内容？

延伸阅读

《列国图志：中国篇》叙事特点分析

《列国图志》(*Discovery Atlas*)是美国探索频道(Discovery Channel)及其下属的HD剧场联合打造的一系列大型人文类电视纪录片，堪称Discovery传播公司迄今为止最具影响力的全球项目。该系列于2006年10月在全球170多个国家和地区播出，目前已经上映3季，涵盖了中国、意大利、巴西、澳大利亚、墨西哥、南非、印度、法国、日本等共计11个国家。

作为探索频道着力打造的一部宏大史诗性巨篇，《列国图志》借助卓越的摄影画面、优良的制作技术、先进的高清播放，捕捉世界各国的历史风貌，聚焦当地丰富多样的文化、地理和自然现象，旨在以丰富的科学知识、恢宏的视觉美感完成对各个国家全面的视觉记录，帮助观众探索隐秘而伟大的未知世界。

其中，《列国图志：中国》(*Discovery Atlas China Revealed*)由Cassian Harrison执导，狮子电视公司制作，于2006年10月1日中华人民共和国成立57周年之际在加拿大“探索频道”(Discovery Channel)首播。此后7天，该频道每日播出至少1小时精彩的中国专题节目，形成了极具特色的“中国主题周”。同时将一组前往中国制作节目过程中拍摄的精彩照片在香港太古广场陈列，期望更多人通过节目了解中国。加拿大探索频道总经理保罗·路易斯(Paul Louis)表示，为了制作此次的中国专题节目，探索频道总计花费了18个月的时间收集资料、确定选题，在前往中国实拍之前制订了周密的拍摄计划，先后派出4个摄制组，前后耗时10周左右，前往中国50多个地点进行实景拍摄，并且史无前例地获准拍摄报道中国的航天工业和太空宇航员培训，这在他们的拍摄历史上也甚为罕见。

《列国图志：中国》共计约102分钟，全片以“长城脚下的故事”展开叙述，通过对一系列小人物命运故事的刻画，展现当下急剧变革、快速发展的中国社会中，个体为了实现自我价值不断挑战困难、艰苦奋斗的追梦历程；同时从工、商、农业多角度、深层次展开剖析，阐明中国成为世界经济大国的客观因素；捕捉中国城市、乡村鲜为人知的真实风貌，对比中国经济发展中正反两方面存在的不同问题，反映中国日益繁荣的盛况和由此带来的贫富差距问题。另外，全片以中国功夫、蒙古传统、手工艺人为主要切入点，表现当代社会带给古老文明的强烈冲击，引发观众对于传统与现代如何和谐共融的理性思考。

《列国图志：中国》主要记叙了中国现代化发展进程中发生在普通老百姓身上的9个小故事，以鲜明的3组对比，展现美国人眼中现代中国的整体形象。其中，在表现农民工孙峰进城打工的这一段落中，导演先是运用一系列多角度、多景别的客观镜头来展现城市中经济飞速发展、繁荣昌盛的景象，两个航拍镜头从高空俯瞰建筑工地上繁忙运输的钢筋水泥，从而引出故事发生的社会背景——“人类历史上最大规模的移民行动之一”。接着，是一个大的摇镜头，画面的起幅是一双正在向上迈阶梯的运动鞋，它的主人下身着一条休闲西裤，与鞋子并不搭配。镜头继续上摇，一位身背行囊、行色匆匆的中年男子出现在画面之中，背对镜头向前走着，而在他的周围，是许多类似着装的中青年人群。不远处高耸入云的现代建筑展现了都市经济建设的巨大成果，同时也暗含着这座城市对人们无形的压迫。下面一个近景画面是刚才背对镜头的中年男子正面出现在观众的视野之中，观众可以看到他穿着宽大的褐色外套、驼色衬衣，还打着领带，目光游移，表情茫然，仿佛在人群中搜寻着什么，联想到他下身的西装裤和运动鞋，导演展现出的是一个与喧嚣城市格格不入的农民工形象，他渴望融入这个城市，但又无法抹去深深的农村烙印。又一个航拍镜头，从楼顶的角度俯瞰城市交通的车水马龙，同时模拟孙峰的主观视线，引出他所从事的职业——高空玻璃幕墙清洁工。接下来是几个孙峰工作画面的组接，摄像机灵活地围绕孙峰运动着，以特写、近景、全景等不同景别全方位展现这项工作的高度危险性。这一段落运用了大量的航拍画面，摄像机跟随孙峰从相同高度的视点进行拍摄，一是因为他这项工作的特殊性，只有通过航拍才能全面展现，二是带领观众切实走进这位普通农民工的日常生活，体会他所处的危险环境。

在接下来的一个叙述段落中，镜头对准了孙峰下班后的生活场景。夜幕降临，孙峰进入了一家汽车销售店，固定画面的前景是一个亮眼的黄色后视镜。随着透明玻璃门被关上，硕大的奥迪标志展现在孙峰的身后，与他土气的穿着形成了鲜明对比。下一个特写画面中，孙峰粗糙的手掌缓缓抚摸过光亮的汽车表面，再加上一段"我开豪车也会很自豪"之类的人物采访，导演以一种近乎疯狂的表达语态来凸显巨大的两极贫富差异。孙峰作为一个普通的农民工，对于财富的渴望是正常的，也是可以理解的，但在片中导演明显进行了有意的夸大扭曲。中国自1978年改革开放以来，社会逐步良性转型，国人对于事业、财富、成功等都有了更勇敢、更健康的追求和定位，贫富差距的历史问题固然尚未完全解决，但也绝非如片中这样异化呈现。

一、纪实与写意并存的美学风格

纪录片同绘画等各种艺术形式一样，始终在两种美学冲突之间徘徊：一种追求的是仅仅用逼真的模拟品替代外部世界的心理愿望（写实风格），而另一种追求的则是完全属于纯美学范畴——表现精神的实在，亦即以形式的象征含义超越被描绘物的原型（写意风格）。纪录片创作的目的在于呈现真实世界的信息，但如果一味地追求强烈的纪实，则可能很难激发观众的热情和好奇心。与"直接电影"严格遵守"真实性"的原则不同，探索频道在其很多纪录片中都采取了"搬演"的手法来陈述事件、还原场景，但这一手法的运用并不意味着纪录片和剧情片的界限已被打破。"尽管影视具有复制一切类型的可见事物的能力，但它所偏爱的还是未经搬演的事实。而这又促成了关于搬演的两条基本原则：第一，如果'搬演'能引起现实的幻觉，它在美学上便是合理的；第二，如果违反了电影手段的基本特征，任何搬演的东西都是非电影化的。"《列国图志：中国》全片中，导演通过对摄像机机位的灵活控制，运用丰富的景别和多种特效进行了不同程度的"搬演"，强调知识性、教育性的同时兼具娱乐性。多年以来，探索频道以"传播生活方式"为文化理念，以"激发大众好奇心和学习热情"为主要目标，通过不同形式的节目内容满足观众的求知欲望，形成了观众较为喜爱的相对固定的叙事方式、图解化的影像风格和公式化的情节内容。一方面，影片对人物的采访如同"生活流"般，真实的对白、真实的场景、真实的布光，同期声音响和平实的拍摄剪辑风格都体现着纪录片传统的"纪实风格"；另一方面，片子也在强调导演的"写意风格"，如特技手段的运用、全知全能的视点、计划完美的拍摄方式和角度、顺畅自如的镜头剪接等。在表现中国古老的武术传统时，导演拍摄了少林弟子击打水面的练功场景，十余名年轻武者赤裸上身，大开大合、挥洒自如的武术动作激起了水面飞扬的层层水花，与苍翠古柏、静谧幽静的寺院形成了鲜明的动静对比，画面色彩丰富，张力十足，表现了中国功夫极具动力的美感，也体现了本片纪实与写意并存的美学风格。

二、贯穿全片的悬念设置

悬念是探索频道的纪录片中观众感受最为直接的一个娱乐因素。该片通过营造悬念，引发观众的好奇心，造成心理期待，并在观看过程中进一步"享受期待"，这也是他们观看电视的重要目的之一。苏珊·朗格(Susanne K.Langer)曾说："戏剧是未来时态，它总是通过回顾，暗示着未来。所以，未知悬念与未来悬念，像一个摆动于过去与未来之间的钟摆，它通过'未知'的隐秘，指向未来的隐忧。"通过相关统计不难发现，探索频道在营造悬念时，注重设置技巧类型的多样化，有的从片名入手设置悬念，有的通过主持人和探险家的活动阐释逐步地推进悬念等。很多纪录片中的悬念以倒叙或插叙的方式结构影片本身，产生了倒叙型和插叙型的叙事结构。《列国图志：中国》中，一方面，在开头就设置了大的悬念："世界上最大的社会主义国家是如何成为经济大国的？古老的文明如何成功迈向未来？发展进程中又付出了怎样的代价？"一连串的发问引起了观众的注意，第一时间抓住了观众的心，成为贯穿全片亟待解决的谜团。另一方面，全片在叙述过程中不断设置小悬念以丰富影片内容，起伏交错的情节层层深入，扑朔迷离中带领观众披荆斩棘，最终拨云见日，真相大白。如讲述12岁体操运动员金杨蕊娜的故事时，一方面是她日复一日刻苦地训练，教练和父亲都对她有着很高的期待，另一方面是奥运会选拔赛迟迟未到，直到影片末尾才出现。同样，在金杨蕊娜参加选拔赛时，小悬念也此起彼伏——她到底能否入选？能否实现教练、家庭对她的期待？全片最后并未给出确定答案，却通过不断地提出假设，不停地肯定与否定，制造着一个又一个高潮。

三、视觉奇观与多元化的电脑特效应用

当前，视觉文化已成为联结人类经济、政治、文化和日常生活领域的主导文化样式，并且呈现出奇观化的趋势；在文化工业与媒体技术的合力下，影像成为生活的重要组成部分，奇观则成为一种生活的常态。纪录片作为一种特殊的视觉艺术形式，也成为奇观的重要领地。

“奇观”由“spectacle”音译而来，追本溯源，“奇观”作为一个理论的概念，最早出现于法国理论家居伊·德波(Guy Debord)的《景观社会》以及“国际境遇主义”组织的一些理念之中。德波最早使用“spectacle”一词，他认为，景观是一种由感性的可观看性建构起来的幻象，它的存在由表象所支撑，以各种不同的影像为其外部显现形式。尤为重要的是，景观的在场是对社会本真存在的遮蔽。他道出了视觉奇观以“超级仿真”的手段来重构我们对现实的认识的事实。

探索频道对于视觉娱乐性的追求并不仅仅局限于科学和动物类纪录片，《列国图志》这样的人文类纪录片同样可以拥有引人入胜的视觉画面和极具冲击力和新奇感的视觉奇观。如金杨蕊娜展示体操动作的桥段中，背景画面为纯黑色，运动员身穿红色体操服，不同于平日训练的场景，这时她的展示更加类似于舞台上的一场体操表演秀，连空气中的每一粒粉尘都清晰可见，导演通过对细节的放大及表情的特写，突出了体操艺术的独特美感，进一步强化了这位年轻运动员对于奥运会的急切渴望。

此外，多元化的电脑特效在全片中也得到了很好的应用。探索频道探索亚洲节目副总裁詹姆斯将探索纪录片的特征归结为：很强的故事性、运动的影像以及对最新电脑特效技术的应用，由此可见电脑特效在纪录片中的重要地位。电脑特效能将纪录片中难以拍摄的抽象事物进行图解式说明，或者将片中涉及的多个距离遥远的地理位置以综合的方式呈现，更加便于观众理解和认知，契合了探索频道的传播理念和目标：让观众在轻松娱乐中获得知识。

在观看探索频道的纪录片时，观众能够明显地感觉到其叙事方式的与众不同，叙事的个体化促使纪录片上升到一种全新的审美层次。《列国图志：中国》选取了中国社会中的9个小人物，以他们身上发生的故事来展现美国镜头中的中国国家形象：高楼林立、消费奢靡的上海市区；农民工干着极度危险的工作，领取着微薄的薪水，对财富饥渴，也缺乏亲人的关怀；寺庙里的功夫大师清心寡欲，一心只想传承传统，但颇有天赋的徒弟只想觅得一份普通的保安工作；12岁的体操女孩儿每日接受极端刻苦的训练，享受不到儿童童年的乐趣，成长也受到了严重的束缚；女大学生一心想通过整容改变自己，获得更高薪的工作……这些故事从中国人传统的生活方式出发，避开敏感的社会话题不谈，而是以一种常规的故事形态来阐述飞速发展的中国社会中出现的一系列社会病态现象，貌似正面积极的叙述却反映了美国对中国发展所持的怀疑态度。其中，该片对于中国基本情况的介绍甚少，总共178秒，占总片长的2.9%；政治内容关注度也较低，共计323秒，占5.3%；经济方面的内容也仅有200秒，占3.3%；而关注最多的是文化内容，共1 802秒，占18.4%，涉及农村风俗、手工匠人、蒙古习俗、春节等10个事件。总体上看，《列国图志：中国篇》以记录我国发展过程中出现的问题为主，包括贫富差距加大、财富观扭曲、社会就业不公、农民工生活保障制度不健全等，塑造了一个负面问题多于正面成就的中国形象。

对于美国而言，中国一直是一个神秘而古老的国度，但由于历史上"闭关锁国"等各种因素，美国民众对于这只沉睡的"东方雄狮"了解甚少，还停留在一个基础的认知层面。随着中国的改革开放，中美间的交流日益广泛，美国人开始逐渐了解中国的文化和思想，但在美国媒体的报道中，中国仍旧是一个被"妖魔化"了的形象，"中国崩溃论""中国威胁论"等不实论断此起彼伏，对中国和中国人民造成了极大的伤害。在这种理论框架下，我们不难看出，美国纪录片不但刻意将中国塑造成一种文化霸权、经济发展畸形的巨人形象，而且对于中国历史上实行过的一些治理政策也持强烈的批判态度。

电视片作为大众传播的一种重要方式，无疑是建立良好外交的一种手段。通过电视片中呈现的人物与故事，可以建立国内外受众之间的情感共鸣与心理联系，使国家形象不仅局限于政府的宣传中，更植入到个人的日常行为举止上。目前，我国国家形象的传播形式仍然严峻，国际矛盾暗流涌动，外国民众看不到更好体现正确态度的中国片，因此，中国应主动出击，扬国威、树新风，向外国观众传播中国悠久而灿烂的千年文明。

第六章 电视编导中的结构安排

本章要点

1. 电视片结构的概念
2. 结构的重要性
3. 电视片结构的原则和要求
4. 电视片结构的方法

第一节 电视片结构的概念

所谓电视片结构，就是指运用电视语言进行独特的叙述以完成电视节目总体构成的形式。简单地说，电视片结构就是电视片叙事的逻辑和布局，各个部分的段落层级安排。电视片的结构是创作者赋予素材以意义和解释的手段与形式。它主要包括三个方面：第一，叙事的顺序，这是内在的一方面；第二，镜头的衔接，镜头的组接顺序是内在叙事结构的外化，而电视是用画面讲故事的媒介，画面就是电视最主要的语言，它的遣词造句、段落停顿等都有其自己的章法；第三，解说词的编写。解说词是内在叙事结构的外化，不过它的地位次于画面。有时候，画面可能没有办法完成全部的叙事任务，这时候解说词就可以辅助画面使结构完整。

一、叙事的顺序

叙事的顺序是最能体现电视结构的一个方面。杰罗姆·布鲁内认为人类有两种基本的、普遍的认知模式，一种是逻辑—科学模式，另一种是叙事—推理模式。[①]前者显然更适用于证明自然科学范畴内对事物间的普遍联系。而后者却不同，它更适用于电视作品这样更为感性且将道理蕴藏于叙事中的载体。

杰罗姆·布鲁内的观点说明了两个问题：一是电视作为一种视觉的、具象的、感性的艺术，它的观点与内在应该通过用画面讲故事的方式达到；二是电视作品的呈现既然是讲故事，那么电视的叙事就应该跟故事的叙事一样有一些可以被创造的部分。

二、镜头的衔接

事实发生的空间、时间、关系等客观存在与电视最终呈现出来的结果都不是百分之百完全还原的，需要通过镜头剪辑和衔接来把过程展现得更加精彩。

（一）从时间结构的角度

黄匡宇在《电视画面创作技巧》一书中对电视画面的时间与空间进行了概念上的解读。他认为，电视画面的时间包括物理时间和心理时间，其中，物理时间涵盖了画面的放映时间和叙述时间。王晓红在《电视画面编辑》一书中对电视时间做了类似的划分，她指出，放映时间是单个节目播映的总体时间长度；叙述时间是银幕上表现事物的时间，也就是人们常说的蒙太奇时间；心理时间是指播映时间和叙述时间综合作用在观众心理层面而造成的独特的时间感。

电视时间是经过作者剪辑后创造出的时间概念。它会受到放映时间的限制，会缩减或者延长物理时间，创造出观众在观看过程中形成的心理时间。

因为电视时间和物理时间存在这样的差别，所以编导在创作过程中要注意剪辑的合理性——合理地利用剪辑调整时间的节奏，缩短冗长流程，放大细节过程，比如有的时候一个过程相对冗长，可以直接剪掉。大家可以将国内的其他美食节目和《舌尖上的中国》（第一季）的镜头剪接进行对比。国内的美食节目比较习惯于

---

① 张小琴.隐蔽的意义：电视叙事的魔力[J].现代传播，2013(6).

对过程的完整展现，旨在教授美食的制作技巧和展示全过程。所以美食节目的长镜头相对多，节奏显得比较慢。但《舌尖上的中国》（第一季）却反其道而行之，一方面由于节目组选用的是高清设备，适合小景深镜头和固定机位拍摄，另一方面也由于该片的目的并非为了教观众怎么制作美食，而是为了展示食物的色、香、味、美，所以它的镜头以固定特写镜头为主，剪切速度非常快，节奏也显得非常快，电视时间比物理时间短得多，给观众的感觉是具有时尚感、快节奏感和美感。

在注意节目的电视时间的同时兼顾观众的心理时间，这主要是情绪方面，指的是电视片在做情绪的铺排时不要过分，否则会显得做作。比如有时候，电视片为了制造悬念或者渲染一种情绪，会出现相对长时间的空镜头，观众的情绪会随着时间的增长而增强。但是当观众的情绪达到一个极值或者转折点时，如果镜头没有及时变化或者提供给观众更多的情节和信息，那么观众的情绪就会直线下降，前面的铺排也就全都没有意义了。

（二）从空间结构的角度

黄匡宇在《电视画面创作技巧》中认为，电视画面的空间同样包括物理空间和心理空间。物理空间是指在电视画面这个二维平面内，通过透视、摄像机运动等方法所塑造出来的三维空间（如景别、拍摄方向、拍摄距离、拍摄高度、镜头焦距等）都会影响画面的线条透视，从而改变空间的纵深感。而心理空间则是指观众的空间感，即主体对现实空间的具体认知反映。

电视片的创作者使用的镜头景别以及镜头运动的相互组合会影响观众在观看过程中心理空间的形成。单个镜头本身的空间结构——构图（包括景别、角度等）本身就有镜头表意、构建观众心理空间的功能。而镜头之间的组接变换带来的空间变化则能够创造独特的影视时空感觉。《镜头在说话》一书中提到，依赖平行、交叉、重复、闪前、闪回等形式镜头的组接，电影造成了极端自由、超越的时空，将过去、现在、将来融于一体，将心理时空和现实时空汇于一瞬，满足了人们超越线性单向时空和单调空间的渴望。

空间结构主要是指环境的转换和空间的制造。环境的转换要有逻辑性，一方面，要善于利用空镜头以及镜头剪接的转场方法。情景剧里用空镜头完成场景转换的手法用得非常多，每换一个地方展开故事之前，都会插入一个建筑或者地点的空镜头，以告诉观众“我们换了一个地方，我们从那个地方换到这个地方了”。另一方面，要善于制造空间感，但又不至于让观众迷惑。例如范立欣的纪录片《归途列车》里一系列的长镜头，导演非常善于利用光线的明暗来制造空间层次。源于生活本身，同时又具备本身的情感氛围，用这种手法就会显得很自然。又如对农民工张昌华和他的妻子临睡觉前一边在狭小的住所里洗漱，一边为女儿的前途忧心忡忡这一场景的镜头表现：导演将机位选在张昌华夫妇卧室的门外，机位非常低，几乎贴在地上，可能是经济条件所限，拍摄场地的照明条件也确实不好，只有一只昏暗的小灯泡，透过纱布做的门帘，机器拍到大半的黑色和张昌华的剪影，气氛非常压抑，观众也能从画面里感受到张昌华夫妇生活的艰难和对女儿未知前途的担忧。

（三）从内容关系的角度

著名的"库里肖夫效应"验证了多个镜头的组合并不是简单的加法，而是全新的创造。不合适的镜头组合产生的效果可能是负面的；相反，正确的镜头相互叠加组合带来的效果会像一篇流畅的文章。

2008 年，奥运圣火在国外传递时，一家外媒报道了中国警察在该国殴打无辜市民的事件。片子确实是真实记录，我们看见的是在奥运圣火的传递途中，中国警察正在他国的领土上打人，场面极度混乱。观众的情绪在短时间内就被激发起来，对中国警察的刻板印象加上"铁证如山"，国内舆论一片哗然，大家都相信是"城管到国外维稳"去了。但是观众忽略了一件事——在这个片子里没有大景别的镜头。巧合的是，另一家媒体也报道了此次事件，他们的视频比上个片子多了一个全景镜头。在这个关键的全景镜头里，观众看到当地政府悬挂了"藏独"的旗帜，火炬传递的队伍拒绝经过悬挂"藏独"旗帜的政府大楼，负责护卫工作的中国警察才与当地政府工作人员交涉，并且只是肢体接触，并不存在殴打。这才是这个事件真正的因果关系和最重要的信息。正是由于全片没有使用大景别的镜头，第一家外媒利用了观众对中国警察的刻板印象，形成了中国警察在国外殴打民众的歪曲报道。

在蒙太奇的理论中，不同镜头的相互叠加会造成一加一大于二的效果。除了镜头本身的信息量，它们的关系也是一种额外的信息。镜头的组接就像写作一样，应该大小景别兼顾，镜头成组出现。这样至少不会造成信息的遗漏或关系的错位。

三、解说词对结构的辅助作用

解说词是对画面的补充。如果说画面是从声、画角度在结构片子，那么解说词就是从文字的角度结构片子。电视中画面、声音始终是第一位的，所以文字的部分只是起到必要的辅助作用。要注意的是，解说词的结构应该跟画面的结构一脉相承。

电视是画面的艺术。以前有很多编导在做片子的过程中会先写解说词，然后按照解说词的逻辑、顺序和结构去填补画面，这是一种完全本末倒置的做法，最终在电视上呈现出来的是文字语言的逻辑而不是电视语言的逻辑。最典型的反面例子是曾经风靡一时的“电视散文”，解说词承担了全部的叙事功能，导致电视散文的画面语言给人感觉除了冗长就是乏味，此时它已经不能被称为电视作品了。

案例精选：《舌尖上的中国》(第一季)中的解说词

以《舌尖上的中国》系列为例。在《舌尖上的中国》(第一季)里有一幕讲述的是查干湖冬季捕鱼，由于时间有限，仅用画面无法将冬季捕鱼这一习俗的历史感以及全鱼宴蕴含的家与团圆的概念更深层次地呈现出来，所以需要解说词来做结构上的升华和收尾：

“令人感慨的一幕发生了。大鱼们肥美的身躯，刺激着所有人的神经，但是没有一个人会注意到一个细节，拉上来的网中竟然没有一条小鱼，每条鱼的重量几乎都在两公斤以上。只有石把头知道，这正是查干湖渔民心口相传的严格规定。

冬捕的渔网是6寸的网眼，这样稀疏的网眼，只能网到5年以上的大鱼，这样，未成年的小鱼就被人为地漏掉了。郭尔罗斯蒙古族有一句话叫作‘猎杀不绝’，讲的就是这个道理。

刚出水的大鱼正在石把头家里准备迎接除夕。依照老传统，年夜饭还是一桌全鱼宴。隆重的晚宴中，鱼是绝对的主角。

女婿做得一手好菜，是家里的大厨，完成全鱼宴上的14道菜，穷尽了他的全部手艺。

重头戏是垮炖杂鱼，一定要用上东北的大酱调味。先炖透胖头鱼，再依次放进几种杂鱼，混搭的感觉，像极了东北人的率性。

家里的孩子陪着老人一起喝酒，辛苦的一年过去了。

鱼鲜混杂的味道，弥漫在查干湖渔村的夜晚。”

除了使结构更加完整，这一段解说词还给人感觉非常有个性，有情而不煽情。解说词都是为石把头以及这一群吉林捕鱼人量身定做的，用在这里合适，用在别人身上就不合适了。内容朴实、诚恳，也十分具有地方特色。

相比之下，《舌尖上的中国》(第二季)的解说词在结构上就显得衔接不够流畅，不接地气又略显做作。

在《舌尖上的中国》(第二季)的第四集《家常》中，上一秒解说词还在说那位陪伴女儿离开家乡远赴上海求学的母亲对女儿的爱，自己再节俭也要给女儿补充营养，下一秒的解说词就变成了“肉类富含脂肪，转化成身体所需的热量，是等量蛋白质和碳水化合物的两倍……”本段解说词的上下文给人一种“前后画风不一致”的感觉，完全衔接不起来；且解说词本身混乱不堪，也没有起到结构上的层次深化作用，反而打断了叙事和表意。

总而言之，什么样的片子配什么样的解说词。解说词的写作离不开流畅、衔接、匹配、恰当、适度等词。

第二节　电视片结构的重要性

一、使内容条理化

结构的搭建其实就是在前期拍摄和后期剪辑时都能给工作人员一个大体的脉络，使工作人员有一个思路顺序和方向，不至于离得太远。

对于前期工作人员来说，他们可以通过了解编导结构全片的思路，调整自己的工作内容，比如摄影师会更清楚自己需要捕捉哪些内容、景别、层次的镜头等。而对于后期人员来说，结构对他们工作的影响更为重大和直接，尤其是后期剪辑人员，他们的工作直接受编导所构思的结构的统领，按照编导设想的结构做内容编辑不至于出现什么偏差。

除此之外，一个片子如果有清晰的结构和思路，有助于观众更好地理解。只有编导的思路和想法被观众理解，这个片子做出来才有意义，才算一次真正意义上完整、成功的传播。

二、使电视片整体化

对编导个人来说，合理的结构可以让其把握整个片子，使片子成立；对一个团队来说，清晰的结构可以使大家的工作都有一个共识，不至于局部与整体产生不协调。

有时候如果编导是在策划一个系列电视片，不止一集，那么结构的意义不仅在于整合某一集片子，更在于整合该系列每一集之间的连接关系。如果还有分集编导，那么结构的意义就在于把控编导之间的个体差异所带来的片子之间思路的参差不齐。如果每一集都随着分集编导的个性随意发展的话，那么组合到一起也会显得“四分五裂”。

总之，一个结构清晰、有条理的电视作品会让人“读”起来觉得舒服、好懂，当观众完整地接收了片子所蕴含的意味时，意义会更加显著。

第三节　电视片结构的原则和要求

一、结构要完整、严谨、流畅

电视的结构应该是有其整体性的，撒得出去，也要收得回来，有头有尾，有始有终。美国作家约翰·富兰克林(John Franklin)在定义“故事(story)”时说：“A story consists of a sequence of actions that occur when a sympathetic character encounters a complicating situation that he confronts and solves.”意思是，一个完整的故事应该是从一种平衡被打破到这种不平衡又归于平衡的过程。一个故事开始了，人们总是期待它会有一个结果，否则就是常说的“故事没讲完”。即使是开放式的结尾，最终也是归于矛盾、波澜的平息。

以王冰笛的电视片《网购图志》为例。片子最先从一个都市网购达人——晶晶的一天早晨开始，晶晶的定位是电子商务的各环节角色中消费者的代表；然后以晶晶要购买的家乡笋干为线索，把镜头带到了江西的淘宝村——淘宝卖家的代表秦国平的老家，秦国平是一个淘宝卖家，他从保守的普通农民通过新媒体技术进入电子商务领域；接下来，由淘宝创业的思路延展到了义乌工商学院——一个以淘宝为平台在电子商务领域创业的大学生群体，而他们将是这个国家未来经济的主要掌控者。讲到淘宝买卖，不得不说的当然是快递，这是电子商务发展不可或缺的一大环节。最开始策划的时候，片子里并没有老快递员的存在，但是主创们总觉得缺了一环。试想，如果没有快递这一行业，不仅不能构成完整的电子商务产业链条，也会造成故事的不完整。片子完整地介绍了各色人物与淘宝网（电子商务）的故事之后，最终的结束语是：晶晶收到了来自家乡的笋干；秦国平为把家乡的物产卖出大山而继续努力着；义乌工商学院的同学们在努力经营自己的电子商务创业计划；而老快递员又开始了一天的快递工作。这就叫有始有终，放得出去，也收得回来。

在这里，记者的角色相当于一个波澜——外力的介入。因为记者的介入和搅动，才把这些平凡人的故事挖掘了出来。而记者撤出之后，一切又归于平静，归于生活。记者的存在是为了带给平静以波澜，是为了激发火花的合理搅动，但绝不是无聊的瞎搅和。

除了放得出去、收得回来外，电视的结构也不要把不相干的东西硬拼凑在一起，上下衔接应该是自然的、无痕的。这仍然是对叙事逻辑的要求，是指编导在叙事过程中不要东一榔头西一棒槌，而应该有一条看不到的线索带着故事向前发展。

有一种错误常常出现在多线叙事的电视片中。编导的本意是为了能更加全面、客观、完整地还原故事或者问题的全貌，但是有时候想说的东西太多，一会儿说甲，一会儿说乙，反而容易让观众既分不清主次，也不知道编导想表达的意思，而且看着也非常累。这就是所谓的“面面俱到则面面不到”。

另外一种错误是自以为明明在专注说一件事，其实已经把其他的东西掺杂进来了。《舌尖上的中国》（第二季）自播出以来就一直饱受“跑题”的诟病，并非说加入的人情味不应该存在，只是对于一部定位为“高清美食纪录片”的片子来说，食物应该是绝对的主角。加入了太多的“人”，不仅冲淡了美食的地位，让期待得不到满足的观众有一种“上当”的不爽感觉；而且加入太多意识形态、说教的东西，也不利于《舌尖上的中国》（第二季）在国际上的传播。

二、结构要合情合理不刻意

结构方式主观性较强，它靠蒙太奇把画面连接在一起，可以不受时间、空间的限制而自由跳动。同样的材料可以有不同的组织安排方法，但是无论什么样的组织安排，都不应该为形式而形式，而是要考虑到事实所提供的逻辑基础，使结构形态的运行如行云流水，自然而不造作，朴实而自然。①

《走进科学》是一个“神奇”的节目，每一期节目的前面往往铺陈非常到位，悬念设置引人入胜，但是最后往往让人觉得滑稽可笑。原因就是故事的矛盾不足以支撑起结构为它搭建的悬念设置和情绪积累，无法满足观众的期待，最终使观众感到巨大的心理落差，造成刻意做作的负面效果。

范俭的《活着》是一部关于汶川地震的失独家庭在灾难过后再生育题材的纪录片。片子的主人公——妻子叶红梅、丈夫祝俊生，在地震中失去了独生女儿，没有救回女儿的痛使他们心怀愧疚，也背负了极大的痛苦。所以夫妇二人不希望领养别人家的孩子，而是希望能再生一个女儿，就好像自己女儿又回来了，从而在精神上得到解脱。但是妻子叶红梅由于年纪偏大，输卵管又有损伤，所以自然受孕非常困难。于是夫妇二人不断地为试管生育付出痛苦的努力。

这个片子非常可贵的一点是叶红梅、祝俊生夫妇和导演的情感非常真挚，他们常常不经意就说出市井、俗气但是实在、真实的话来。可以想象，这么隐私的事情和隐藏的痛苦，是绝不可能轻易就自然流露的。导演范俭在接受采访时表示这需要很长时间的积累，他经过了跟叶红梅、祝俊生夫妇长达半年几乎同吃同住的相处之后才形成了片中这样的关系。

可见，要想片子合情合理、具备真情实感、不刻意、不做作，除了要有踏实靠谱的拍摄技术外，更重要的是编导与被拍对象要有真诚的沟通和信任。

三、结构要以主题为中心做减法

有时候编导用心收集了很多很多素材，每一个片段都让其难忘，每一个人物都令其动容，但是电视节目始终有时长和容量的限制。这时候编导就必须学会舍弃，如果舍不得删去枝蔓，就只会让重点也泯于模糊，通俗地讲就是，什么都说了就等于什么都没说。

策划初期，编导应该做充足的准备。通常编导会准备多个不同特点的采访对象或采访线索。目的是防止后期采访对象临时变卦或者出现不可控事件而导致素材无法使用或者根本无法进行拍摄。所以最后真正到编导手里的素材可能会远远

① 童宁.电视节目结构方法[M].北京：中国广播电视出版社，2004：20.

多于片子真实需要的素材。在这种情况下，素材如果优劣分明还好取舍，如果质量和特色不相上下，则很考验编导的心理素质——都是自己团队拍出来的东西，都这么好，要剪掉的话非常难。于是有的编导舍不得放弃，把素材都留着，每一条线都分一部分片长，但最终出来的结果却并不好。所以，还是那句话，面面俱到则面面不到。这时候，编导应该思考的是：哪条线表现的东西是你最想表达的，哪条线最有其特色，最重要的是，作为编导，你最想要的是什么故事。

范俭导演在拍摄《活着》的时候原本有好几个家庭，最终缩小到三对夫妻：第一对夫妻很顺利便怀孕；第二对夫妻内心非常纠结，妻子原本并不想再要孩子，却莫名其妙地怀孕了；第三对夫妻就是叶红梅、祝俊生，他们想再生一个女儿，却迟迟怀不上。经历了这样大的劫难，各家都有各家的故事。第一轮的筛选已经很不容易，这时候的取舍更加困难。而范俭思考后觉得，叶红梅、祝俊生夫妇的故事最典型——为了再次怀孕，他们经过了非常艰难、痛苦、漫长的等待。除此之外，叶红梅、祝俊生夫妻在拍摄过程中，状态越来越好，人物角色的形象越来越突出。于是，范俭最终决定把着力点放在这家人身上，最终成就了最适合的故事。

因此，编导不要因为素材来得不容易就舍不得舍去，而是要允许遗憾的存在，更何况，只有剪去枝蔓才会得到更为清晰、完整、鲜明的主线。

四、结构要寻找创新点

编导在学习创作的初期，常常会接受一些所谓的“模板”，但是当经验开始丰富起来的时候，编导就应该跳出固定的套路。而且，有的节目虽有自己的模板或格式，但是时间长了，当它变旧或者观众开始猜透它的时候，它就会让人们觉得厌烦，这个时候，寻找一些新的方式和角度，对观众来说也是一种视觉感受上的更新。

例如纪录片《舌尖上的中国》系列，它们的创新点就是拍摄器材。《舌尖上的中国》(第一季)提出的定位是“全国首部高清美食纪录片”，其中“高清”的意思是拍摄团队采用的不是传统的肩扛式摄像机，而是采用了佳能5D系列单反相机。而采用单反高清拍摄的特点是：第一，高清设备逐格拍摄，非常挑剔用光，所以在拍摄过程中，灯光师的地位格外重要，而且布光设备也更多元、更便携；第二，高清设备不适合移动拍摄，所以在《舌尖上的中国》(第一季)里，过程的展示基本上都是用连续快速的固定镜头组接剪辑，而很少出现运动镜头，最后呈现出来的色彩和光线都非常漂亮，食物特写非常多，节奏明快。只有部分运动镜头运用了滑轨。滑轨相对传统的轨道要小巧很多，架设非常随意，对地形几乎没有要求，它配合高清设备拍摄出来的运动镜头很平稳，更重要的是，在它的帮助下，摄影师可以拍到很多原本拍不到的角度。

除此之外，《舌尖上的中国》前后两季的拍摄角度都变得非常多元，这是由于在拍摄过程中使用了新的辅助器材，如六轴飞行器。六轴飞行器体积相对小巧，便于移动，起飞条件要求低，飞行也平稳。它可以起到航拍的效果，却比真正采用直升机拍摄便宜很多。飞行器目前在综艺娱乐节目，尤其是在室外真人秀中运用得非常多，如《爸爸去哪儿》很多高角度镜头都是用飞行器辅助拍摄完成的。另外，还有Gopro，它非常擅长拍摄运动行为，由于体积非常小，非常轻便，又防风防水，所以几乎可以被架设在任何位置。它可以捕捉到很多以前难以拍摄到的细节、过程与角度，像 *Running Man* 这样运动元素非常多的真人秀节目对 Gopro 的运用已经很普遍了。

除了器材上的改变和创新，内容和形式上也要打破常规、推陈出新。例如系列纪录片 *Why Poverty*（《为什么贫穷》）的第 1 集便是利用动画来展示世界经济的发展历程和财富流动的方式、路径。原本比较深奥的政治经济学知识，不采用专家式的说法，而是用动画来表达，不仅使历史与数据可视化，而且使片子在形式上达到轻松活泼、内容上深入浅出的效果。

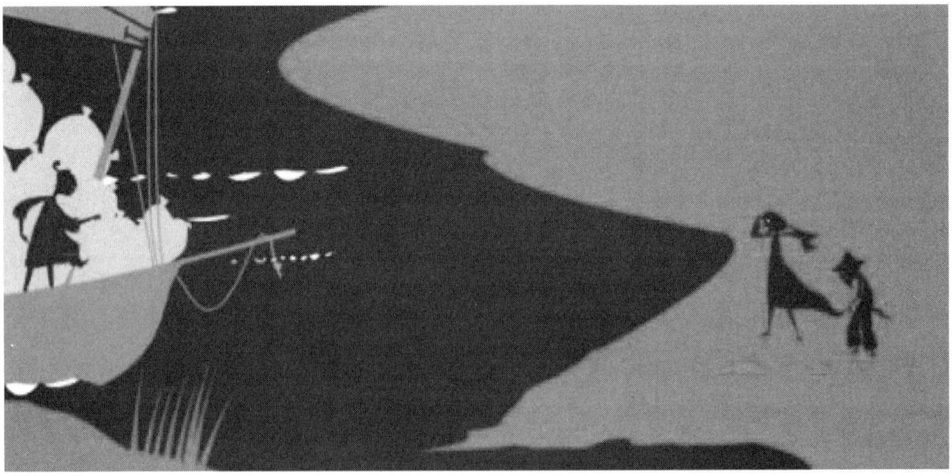

图 6-1　*Why Poverty*（《为什么贫穷》）第 1 集：*Poor Us*：*An Animated History of Poverty*

第四节　电视片结构的方法

本节从时空、主人公线索和认识逻辑这三种视角分别对结构进行分解。需要注意的是，此处只是侧重这三类元素对同一对象——结构所做的三次分类，在实际操作中，这三种分类并不是割裂的，结构用到的方法会交错凌驾于三种分类之上。我们更应该善于融合，因为融合会带来更多的惊喜。

一、从时空的角度看结构方法

时间结构，其微观意义上的概念是指一件事按时间顺序发展的结构；其宏观意义上的概念是指按历史年代发展的结构；而其相对中观的概念则是指按节气、四季发展的结构。

微观的结构在新闻片里常常见到，就是围绕一件具体事情的发展来布局片子。

中观结构的典型案例是焦波老师的《乡村里的中国》，该片按照二十四节气的顺序进行剪辑。节气与农作、农作与农民、农民与农村、农村与中国，所有的故事都像明珠，由二十四节气这一根古老传统、具有中国味的线穿起来，让人觉得合理、舒服。在这个片子里，焦波老师又根据内容分出了三条叙事线索——讲述农村生活的，讲述中国农村基层领导干部工作和生活状态的，以及讲述中国农村基层民主法制的。整个片子从春节开始记录，到下一个春节结束，让人感觉有始有终。

宏观的结构，如12集电视纪录片《故宫》。该片从永乐年间的营建紫禁城、故宫的诞生开始讲起，到故宫的最终布局如何确定下来，这座古老宫殿里的政务、礼仪、天象、艺术、西洋风……经历朝代的变迁、战争的威胁与民国时期的国宝转移，最终一步一步发展成为今天的故宫博物院。整个片子的时间跨度非常大，视角也非常宏观，均以一个朝代的各个角度来阐述和展示它的政治、经济、文化、外交等方面，是很标准的电视专题片。再如《望长城》，这部片子的素材是编导花了一年时间在不同地区拍摄的共计700小时的镜头。编导试图去讲述长城的历史变迁，虽然现有的素材很多，但却局限在一年时间里。为了达到讲述历史的目的，《望长城》第一次采用了现场主持人串讲的方式，由主持人来掌控节奏，引导观众探寻长城的文化。素材不能跨越时间的长河，但是主持人的思路却可以。这种方式的运用，使

“观众好像与主持人一起走过长城途经的地方,感受长城的历史变迁和当地的风土人情”①。

二、从主人公线索的角度看结构方法

人永远是电视片表现的重点所在,因此,电视片可以按照人物性格命运的展现和人物的故事来结构。

(一)单线叙事

单线叙事是最初始的结构方法,创作思路专一,一线穿珠。例如电视系列纪录片《梁思成林徽因》,总共 8 集(父亲、天书、佛光、流亡、惨胜、荣耀、选择、古城),以梁思成、林徽因夫妇为整个片子的绝对主线,依据时间顺序讲述他们从求学美国、相知相恋,到共同为事业而奋斗、各地采风、绘制及编纂关于中国建筑的发展史、建立中国建筑学的高等教育学科,再到经历战乱的坎坷浮沉之后先后去世的一生。整个片子的主次关系毋庸置疑,时间顺序也非常清晰。《梁思成林徽因》这部纪录片按照清晰的时空顺序来布置和结构,单条人物主线非常鲜明。

(二)双线及多线叙事

双线及多线叙事是指故事之间彼此独立但又有所交集。他们的交集可能体现在横向上,也可能体现在纵向上。横向交集的意思是多条线上的人物在故事空间上是独立的,但是发展阶段是同步的,交集更多地表现在时间上;而纵向交集的意思是独立空间的多条线上的人物及其故事发展是承接的、连贯的,更多地表现在逻辑上。当然这两种交集都不排斥真实空间上的交融。

案例精选:横向交集与纵向交集案例分析

1. 横向交集

横向交集以《我们的留学生活——在日本的日子》为例。这是一部留日学生利用课余时间,自己集资(日本富士电视台后投入人员和设备支持),耗时三年完成的纪录片。《我们的留学生活——在日本的日子》的第一集和第二集《初来乍到》就是典型的横向交集的双线叙事。

---

① 任德强,王健.电视专题摄制[M].重庆:西南师范大学出版社,2010:106.

两位主人公王尔敏和韩松有着完全不同的生活背景和性格特点。王尔敏当时19岁，她出生在一个普通的江浙市民家庭，踏实、勤奋、刻苦，是一个典型的中国高中好学生的形象。王尔敏在来日本之前已经做了语言上的准备，也已经预料到来日本后的辛苦，她希望能尽快通过语言关，考上一个很好的大学。而韩松出生在中产家庭，当时26岁，没吃过什么苦，已婚有子，有一个幸福的大家庭。韩松并没有做前期准备，对未知的生活也想象得比较美好。对于韩松来说，更多的是想再挑战一下自己，在日本拿下一个好点的学位，有点重走青春的意思。他们素不相识，但是两人又有着共同的短期愿望——在日本顺利地习惯生活、进入学校。

这两条叙事线是两种典型，能够覆盖当时大多数有留学生的中国家庭。同时这两个人物自身性格也很典型，身份角色差异又很大，使得故事还没有开始就有了一定的戏剧性。在接下来的故事里，他们的性格和态度差异确实造成了学习进度和生活态度上的反差。即使他们两个人的生活在真实空间上没有交集，但对处于上帝视角的观众来说，这种对比叙事也是一种矛盾和冲突。

2. 纵向交集

纵向交集以 *Why Poverty*（《为什么贫穷》）系列中的第8集 *Education，Education*（《读书致贫》，又名《出路》）为例。

Why Poverty 是由8个围绕“贫穷”这一主题的纪录片组合而成的系列纪录片。它的发起人是非营利组织 Steps International，该组织的目的是委托拍摄并制作具有重要社会意义的纪录片，这个计划的共同发起人和合作方还有著名的英国广播公司（BBC）和丹麦广播公司（DR）。*Why Poverty* 的8个分集导演都是在国际上享有盛誉的纪录片导演。其中关于中国教育导致贫穷的第8集——*Education* 的导演是来自中国的陈为军。

这一集选择了三个主人公（三条叙事主线）：一是培训学校讲师王振祥。他供职的培训学校利用农村信息滞后的弱点，通过开设讲座来骗取高考学生家长的信任，实则只是一所只图利益的野鸡学校。王振祥作为中国教育行业的从业者，对真实的操作内容最具有发言权，并且完全不讳言自己的公司和这份工作乃至教育产业某部分存在的无耻和阴暗。二是来自农村的高考生王盼。她很不幸,她所在的环境没有办法提供给她更好的教育资源,她虽然努力了却也没有取得进入正规优秀学府的机会,被王振祥所在的培训学校欺骗而不知。但她又很幸运,她的妈妈像千千万万的中国母亲一样勤劳、淳朴,并且顶住经济和精神的双重压力支持她的女儿读书。三是重点院校独立学院的应届毕业生万超。所谓的重点院校独立学院只不过是借着名校的壳赚钱的另一种野鸡学校。万超为人老实、勤恳,但没有什么特长,昂贵的学费只为他换来了一文不值的文凭,他迟迟找不到工作,只好成为城市中的蚁族。

Why Poverty 与《我们的留学生活——在日本的日子》的区别在于,王振祥、王盼和万超他们三个人在现实时空上或许是横向平行的,但更重要的是,他们在人生阶段上是纵向连接的。王盼如果真的进入了王振祥所在的培训学校读书,难保毕业之后不会成为另一个万超;受生活所迫的万超也不知道会不会去接受一份讲师这样的工作,像王振祥一样瞧不起这样的工作却又别无办法;而王振祥是不是也像王盼、万超一样走过这一段人生路但最终也没有找到职业的归属,又会不会再去招来王盼、万超这样的学生……

(三)散点结构叙事

散点结构有点像散文,形散而神聚。《东方时空》曾经有一个子栏目叫《生活空间》,它就是用散点漫谈的方式来讲述小人物的故事,用平视的视角但独特的眼光来展现生活的一个个片段的,让人感觉自然不做作。

例如,《舌尖上的中国》(第一季),作为一部大型高清美食纪录片,它的主人公显然是一道道美食,然而美食跟美食之间其实难以找到人与人之间的联系,它们往往在地理位置上天南地北,做法上也各不相同。主创着力于找寻国人寄托在美食中共通的情感和人生哲学,从一道菜换到另一道菜,虽然它们属于不同的菜系,相隔万里,但一些无形的线将它们连接起来,也使中间的过渡不显生硬。创作者表面上是在谈美食,实际上观众感受到的却不止美食,这或许就是所谓的形神兼备。

三、从叙事逻辑的角度看结构方法

有些电视片，尤其一些话题式的选题，没有正在发生的事件，也没有中心人物，这样的片子在结构的时候就不太关注拍摄素材的客观时间、空间顺序，以及它们所承载的叙事功能，而是彻底打碎摄像机镜头所客观记录的一切，依据观众认识这件事或这个话题的自然逻辑（其实是编导对这件事的认识逻辑）来结构全片。这个自然逻辑永远都是“是什么”“为什么”“怎么样”，这样的片子只要将这三个部分按顺序呈现就可以了。

电视专题片《生命的诞生》就是一部这样的片子。该片第一个部分讲述地球这个有陆地的星球是如何诞生的；第二个部分讲述地球上的温度是如何降下来的；第三个部分讲述水是如何产生的；第四个部分讲述氧气是如何产生的。陆地、适宜的温度、水和氧气，这些都是生命产生不可或缺的因素，所以片子就按照这个逻辑来结构全片。这样的结构符合观众的认识逻辑和观看体验，整个片子自然流畅。

在调查性报道中也经常使用认识逻辑来结构片子的方法，因为，记者调查的逻辑其实也是观众认识的逻辑，在节目中自然而然地呈现调查过程就可以了。例如电视专题片《张润栓的年关》讲述的是一个叫张润栓的包工头由于打白条，十年间从原平县数一数二的首富变得妻离子散的故事。片子结构是这样的：谁欠了100多个民工100多万的血汗钱？是张润栓。张润栓为什么欠钱呢？是因为太原市三运公司不给张润栓钱。为什么三运公司不给张润栓钱呢？是因为该公司破产了。那它的上级单位太原市交通局为什么不还钱呢？因为交通局不想还钱。法院为什么不管？整个片子的结构都是按照这样的逻辑线进行的，叙事层次非常清晰。

因此，当编导找不到时空变化、人物线索来结构电视片的时候，就要考虑用大众认识事物的自然规律来结构全片了。当然，按照认识逻辑来结构电视片要注意以下三个方面：

第一，观点要新鲜出奇。被无数人谈论过的话题很难再讲出新意，而没有新意的“逻辑”，观众便无收看的兴趣。

第二，重视解说词的提炼。用这种方式结构的电视片一般比较注重解说词的写作，而电视的首要意义在“看”。所以，解说词不但要观点新颖、独辟蹊径，同时也要用形象的画面语言说明抽象的逻辑思维，依靠客观画面阐释主观观点，这样的电视片才能够兼具现实意义和历史价值。

第三，强调识知。电视片的其他结构方式侧重于叙述功能，而依据认识逻辑的方式结构电视片则更侧重于画面的表意功能，特别是电视画面所独具的冲击力。

思考与研讨题

1. 解释电视片结构的基本含义。
2. 电视片结构的要求有哪些？
3. 电视片结构的主要类型有哪些？

延伸阅读

电视专题片《张润栓的年关》

《张润栓的年关》是中央电视台《新闻调查》于2004年1月5日播出的一期节目，时长45分钟。节目类型属于深度报道、新闻专题及调查性报道。

本期节目编导是范铭，双机拍摄的摄像分别为孙海南和李季，录音为李宏卫，解说为姚宇军。作为主创的范铭生于1980年，用她自己的话说，兼有70后的内向保守与80后的没心没肺。曾经制作过《新闻调查》中多期有影响的节目，比如“双城的创伤”——少年连续服毒自杀调查、“命运的琴弦”——中国音乐学院招生黑幕调查、“深圳外贸诈骗揭秘”——深圳写字楼外贸骗局调查、“陈丹青出走”——中国教育制度调查、“以生命的名义”——中国同性恋状况调查、“长大未成人”——少女早孕社会现状调查，以及“一只猫的非常死亡”——虐猫当事人心灵调查。

2003年年末，全国范围内都在开展一场声势浩大的清理拖欠农民工工资的专项整治活动。在这种风口浪尖，按说拖欠农民工工资的行为会消失，至少也会有所收敛，然而，2003年年末，《新闻调查》收到山西省原平市子干乡100名民工的联名信，信中说1994年他们跟随一个叫张润栓的包工头到山西省太原市建造工程，但是1995～1996年连续两年，近100万的工资分文未得，8年来他们一直在追讨这笔债务，然而至今为止没有任何结果。《新闻调查》的记者对此事展开了艰苦的调查，于是就有了《张润栓的年关》这期节目。

节目播出后，在社会上产生了强烈反响。本期节目也被评为中央电视台新闻中心的年度好节目。

第一，用事实说话。

电视艺术同其他艺术一样，从本质上说都是创作主体按照审美规律对客观世界予以艺术的把握，都是通过充满动感、充满活力的美学形态艺术地对物质世界和感情世界的审美观照。《新闻调查》作为中央电视台最具深度的调查类节目，开播十多年来，一直将艺术化的叙事作为其在节目表达中不可缺少的重要手段之一，诞生了一大批深具影响的优秀节目，确立了自己在广大电视观众中的形象和地位，被誉为对事实调查最为详尽、对问题分析最为透彻的节目。《新闻调查》以记者的调查行为为表现手段，以探寻事实真相为基本内容，以做真正的调查性报道为追求目标，崇尚一种理性、平衡和深入的精神气质。

《张润栓的年关》一片在叙事中不仅关注人物的悲欢离合、命运沉浮，而且多元素、多角度、多层面地调动电视艺术表现手段去刻画、表现人物，让人物自然、真实、原汁原味地融合于生活之中，并进一步把叙事深入人物的心理层面，使得节目内涵更为深刻、丰厚。该片所凸显的个性化叙事追求，更是赋予了其对生命、人性的博大关怀，使得片子在描绘与刻画人物方面达到一种叙事美学的效果。

《张润栓的年关》，编导选择“张润栓”，并不只是因为“张润栓”拖欠民工工资达100万，8年不敢回家，更注重的是通过讲故事来挖掘事件背后的故事，通过对“故事人物”的叙述来揭示事件背后的真实，探寻“拖欠民工工资”这一事实的真相。张润栓躲债也是因为别人欠了他的钱，而通过调查一连串的债务链条，记者却发现真正的债主竟是政府……可见，对故事的精心把握使得《新闻调查》的故事有了起伏和抑扬的空间，既满足了观众的收视需求，又为观众留下思考与探讨的余地。

第二，用调查逻辑说话。

麦克卢汉在论述电视媒介时指出：“电视能显示过程的相互作用，能显示各种形式的相互影响，任何其他媒介都无法办到这一点。”调查性报道的过程往往不是事件正在发生时记者在场的过程，而是对已发生事件的勘察、寻访、发现、挖掘、思考和评论的过程。《新闻调查》记录和展示的过程，正是出镜记者通过各种各样的手段进入事实本身，并一步步获取真相的过程。人物作为事件的当事人，在其被叙述和调查的过程中，一切言行、举止都展示在出镜记者面前，也同时展示在观众面前，从而使这一调查过程更具公众性、公开性，有效提升了记者调查的可信度。

《张润栓的年关》这一调查不仅涉及现在，而且涉及过去和未来；不仅报道现场，而且延伸报道地点；不仅采访当事人，而且采访事件的相关人和见证人，力求公正、平衡、客观。调查过程中对张润栓这个人物的全面叙述，更是让观众在记录与展示中了解到所发生的客观事实，与出镜记者一同分享在现场的独家发现，并结合自己的思考对人物及事实真相做出判断。

第三，用平衡的事实说话。

电视新闻要用事实说话，但事实总是未知的，而且它们常常被隐藏起来；电视新闻还要讲究平衡，否则就会失之偏颇。平衡是什么？梅尔文·门彻在《新闻报道与写作》一书中给的定义是：尽可能给每一方，尤其是受到指证的一方说话的机会。听起来非常简单，但问题是，在实际操作中，什么叫"尽可能"？此处的"尽可能"是一种调查方式，它的意思是，有些人拒绝采访，我们要把他的态度呈现出来，有些人的观点在片子中必不可少，那就把为了得到他的观点而采取的措施呈现出来。

在《张润栓的年关》一片中，如果只是一味听张润栓诉说这些年来他要钱要得多么辛苦，交通局和法院怎么搪塞敷衍，那么这个片子的张力就不够，因为不够平衡。所以编导不光找到了交通局，还找到了法院，找到了法官，法官说必须经过新闻中心的同意。在新闻中心的门口等了很久之后，新闻中心的主任告诉记者法官出差了，记者说："可是他一个小时前还在，我们见了面。"主任答："执行就是这样。说走就要走。"记者反问："张的案子 8 年都没执行，这个这么急吗？"对方掉头就走。镜头跟着他，"那么你们能不能安排其他负责人接受采访？"他用手挡镜头，"你们这是干什么？"记者跟在他身后。"我们是有诚意的，我们希望听到法院的声音。"主任头也不回，穿过一家干洗店，消失了。记者继续对法院院长电话采访，"我们希望能够采访相关的人"。院长听到这儿，挂断电话。

对一个新闻节目来说，这样的信息已经可以传达出一些法院的态度。但是，对一个调查类节目来说，这种态度仍然缺乏解释。于是记者继续寻找知情人，离开之前在去机场的路上，有一位法院的工作人员愿意出来接受访问。对方以真实身份出镜，证明他曾亲眼见到有关领导的批示，要求将已强制执行的款项返还交通局。

第四，用画面说话。

电视媒体之所以成为最被广泛使用的大众媒体，一个最主要的原因就是：电视声像兼备、视听兼顾的技术特性适应并且在一定意义上还原了人的生理特性。因此，电视也被认为是最直接化、最形象化和最感性化的媒体。用画面说话是电视新闻一直的追求，但在实际操作过程中，解说词满天飞、空镜头随便贴的片子比比皆是。尽管《张润栓的年关》的故事也不完全靠画面说话，一些情节的推动都依赖于采访段落，但是即便如此，本片的很多画面也都是非常有特点的，尽量体现出电视新闻“用画面说话”这一核心理念。

仔细观摩这部作品，很多有象征性意义的画面经常会引起我们的注意。比如，当解说词说到张润栓“失望又失望”的时候，2001 年 7 月，事情突然有了转机，画面出现的是交通指示灯由红灯跳转到绿灯；再比如，当解说词说到生活状况每况愈下的时候，画面中呈现的是杯中的茶叶自上而下地下落，当说到张润栓无家可归的时候，镜头是一只鸟孤零零地立在树枝上的剪影画面。

这些画面均有很强的指示和象征含义，与解说部分关联紧密，使整个作品的声画始终相互配合、紧凑有序，也避免了在解说串场时插入无意义的空镜头。同时，这些画面由于“象征性”较强，因此对下文中故事的进展或情绪的转折有很好的画面提示作用，增加了叙事的戏剧张力。

第七章 电视编导中的节奏把控

本章要点

1. 电视片节奏的概念和客观要求
2. 电视片内部节奏的处理
3. 电视片外部节奏的处理

第一节 电视片节奏的概念

节奏的表现形式是一种连续而又有间歇的运动，节奏源于运动。宇宙万物，任何有生命的物质，都会有运动，也都会有节奏。影视作品就是由一系列连续活动的影像排列组合而成的，其间自然也会产生节奏，可以说，节奏是一个不可忽视的元素。

影视作品叙事中的节奏形态是多重的，最基本的有内部节奏和外部节奏。内部节奏因情节发展的内在矛盾冲突或人物的内心情绪起伏而产生；外部节奏由画面上一切主体的运动以及镜头切换产生。除了人物的言语动作可以产生内部节奏外，还可通过场面调度和蒙太奇的手法来实现。内部节奏与外部节奏有时一致，有时不一致。不管怎样，都应该依据影视作品内容和结构的要求来安排起伏变化，并做到内在节奏与外在节奏的有机统一。

一、电视片节奏的概念

节奏是什么？节奏是运动的产物，它存在于运动和变化之中。我国古代的《礼记・乐记》中记载："节奏，谓或作或止。作则奏之，止则节之。"翻译过来的意思是：节奏是运动或停止，是生命本身的现象，生命的运动变化给人们的生理造成变化，让人们去适应新的规律，这种适应带给人们心理上的起伏，节奏便应运而生了。

节奏美学体现在音乐、建筑、舞蹈、美术等视觉与听觉艺术中。

音乐艺术的节奏：在音乐中，节奏是一个广义词，它包括音乐中与时间有关的所有因素，包括拍子、小节、循环周期和重音的位置。音乐元素犹如千军万马，是节奏按照强弱、长短把它们有序地组织在一起。如果没有节奏，元素就会杂乱无章，不能成为音乐。因此在音乐里，节奏是至关重要的，它无所不在。每一种节奏都蕴含着一种意义，都想要抒发某种情感。例如，在音乐家安东・利奥波德・德沃夏克(Antonín Leopold Dvořák)的传世之作《第九交响曲》中，四个乐章的节奏各不相同，第一乐章以大提琴悠扬缓慢的引子开始，表现的是宁静和安详，是美洲大陆还未被开发之前的安静，随后各种乐器竞奏出强烈的节奏，表现的是新大陆繁忙和紧张的气氛。

美术艺术的节奏：这主要表现为构图的疏密、色块与线条的组合。例如，印象派画作通常都是以线条和色彩勾勒出足够的情绪，并以此来表意。工整或随意不拘以及反复交错叠压的各种线条的运用，使油画语言更为丰富，不同形体边线的处理更是十分重要。如，出自挪威画家爱德华・蒙克(Edvard Munch)之手的著名表现主义绘画风格作品《呐喊》，也是用线条的平行、重叠及不同的走向，形成了画作本身紧张且具有压迫感的节奏，表现出现代人被存在主义的焦虑所侵扰的意蕴。

建筑艺术的节奏：这主要表现为高低错落、方圆曲直的变化。鳞次栉比的都市楼宇传达的是高效现代的生活观念；曲径通幽的江南园林传达的是低调、风韵和清幽；排列工整对称的紫禁城则传达出皇室的大气与威严。

影视艺术作为一种综合的艺术形式，节奏更是不可缺少的。其实，不论是在音乐、美术、建筑领域，还是在影视领域，节奏都是存在的，且以极为相似的规律对人产生影响。

画面节奏影响着节目的逻辑性、流畅性、冲击力、感染力，以及对有声语言的支撑力、美感和品位。作为视听结合体，电视节目更是时时处处体现着节奏之美。可以说，节奏塑造形态，节奏形成质感，节奏展现风格，节奏制造效果，节奏创造美感。影视的节奏是在各个具体环节中体现出来的，如情节的发展、人物的心理变化、肢体语言动作、镜头的长度和运动速度、镜头间的切换与组接、声音各元素的组合与变化等。

影视节奏的目的是彰显叙事张力，突出矛盾冲突，有了矛盾冲突才有叙事的焦点，也就促成了叙事的起伏变化。

二、电视片节奏的客观要求

电视片的节奏不是一成不变的，但无论怎样，以下两种因素都会客观影响到一个电视片的节奏。

（一）节奏应与类型相契合

电视片的节奏应该与其类型相契合。也就是说，不同类型的电视片有不同的节奏要求。

第一，新闻消息类节目的节奏要求。

新闻消息类节目要客观、真实、沉稳、明快，反映在画面上，就是要求画面应节奏平稳、均衡、长短适度、紧凑结实、富于质感，如《新闻周刊》《世界周刊》等杂志类新闻节目，其镜头都是紧凑、沉稳的，并且画面与新闻稿件有较高匹配度，空镜头和人物镜头比例适当，这样既不显得过于空洞，也不会因密度太大而给人一种难以理解、消化的压迫感。

一般情况下，电视新闻节目对复杂的电视特技手段是排斥的，原因是特技会使纪实性的新闻画面失去真实感。但是，一些简单的特技，电视新闻节目还是能接受的，并且很有必要。当然，在电视画面的铺展与行进中，还要重视其他两个节奏支点的作用，那就是语言节奏支点和音乐节奏支点，它们也要求做到内外节奏统一。所以，编导要充分发挥画外音、现场声、音响和音乐的造型与表现能力，做到声画合一。

第二，电视专题类节目的节奏要求。

电视专题类节目应寓教育于娱乐，寓教育于服务，寓宣传于信息与文化知识的传播之中。这类节目题材广泛，节目设置、编辑、播出手法灵活多样，能够集中体现电视特色和电视台水准。近年来，社教节目中做得比较好的有湖南卫视的真人秀纪实节目《变形计》。这档节目安排生活在农村和城市这两种完全不同的生存背景和成长环境下的两个主人公互相调换人生，每天 24 小时全程跟踪拍摄。这是国内第一档真实生活角色互换类节目，是一种典型的寓教育于娱乐的节目形态。

还有一类专题节目，如教学片，应考虑观众的心理时间。这类节目如果信息量大、画面较复杂，观众会觉得时间短；如果信息量小，画面一览无余，观众又会觉得时间长。所以，信息量大的画面，提出问题或重点、难点的镜头可以长些，给观众一个辨别思考的时间；而信息量小的画面，等待转场的镜头就要尽量短些。电视属于视听艺术，虽然纪录片、专题片、教学片的内容较松散，但也有它自身的艺术规律。电视工作者必须了解观众对象，研究各类观众的视听感知规律，从而把要表达的主题思想和观念流畅、自然、无造作痕迹地贯穿到作品中，制作出高质量的电视片。

第三，广告节目的节奏要求。

现如今，广告节目也有向电视片靠拢的趋势，尤其是商业广告，因为它要在较短的时间内承载和反映宣传诉求，所以节奏必须快捷果断、简洁有力、不拖泥带水。当然，这也不是固定不变的，也有一种商业广告故作悬念，一直吊观众胃口，比如前些年给电视观众留下深刻印象的太极急支糖浆的广告，开头是一个美女在惊恐地向前奔跑，并不时回头看，嘴里喊着“为什么追我?”在她身后紧追不舍的是一只老虎。片子这一部分节奏紧凑，给人一种紧迫感，但是观众会想知道老虎为什么追她，这样就给观众设置了悬念，随后镜头才揭晓答案，老虎吼了一句：“我要太极急支糖浆。”节奏平稳缓慢下来，结尾处美女和老虎一起站在草原上，手拿急支糖浆。不得不说，这支广告虽然难逃格调低俗的嫌疑，但成功之处是它对节奏的处理成功调动了观众的好奇心，也激起了观众的记忆点，使得这支广告在电视上播出了多年。

（二）针对不同受众属性创造不同节奏

在电视片的节奏把握上，编导还要注重针对不同受众的不同属性努力创造出不同的节奏，尽可能地符合他们不同的收看习惯。

电视片分类标准各有不同，从年龄来说，年轻人喜欢节奏稍快一些的电视片，因为能够彰显青春活力；中老年人则更倾向于慢节奏的、富有闲适感的电视片；从文化程度的不同来说，高等教育人群更适合说理性强、层次性强的电视片，而受教育程度较低的人群则更喜欢通俗易懂的电视片。

电视片应该更加注重个性与共性的关系，也就是说，个体的例子要能够映射或暗含一种社会现象，若一直停留在小范围的个体叙事，没有一个循序渐进的节奏，没有层次的铺陈，电视片的表达效果就不够有力。而文化程度较低的人群更喜欢热闹、欢快的电视片，更能够接受形象化的视觉表达。这一类收视群体看重的是“人物命运化”的表达，因此，让他们感受到个体命运的戏剧化，或者有一个感性认识，片子也算是成功的。

第二节　电视片内部节奏的处理

内部节奏因情节发展的内在矛盾冲突或人物的内心情绪起伏而产生。视觉形象将现实生活的发展变化集中强调，当人们在观看电视片时，平时的生活体验被调动起来，形成感情活动的发展变化，这种变化便构成了节奏的感情因素。所以，如何去接近观众的心理，如何在激发观众与电视片之间感情的同时，又能在真实生活中找到参照，是值得研究的问题。

内部节奏，就是事物发生的过程、情节发展的必然逻辑及由此引起的人物情绪对影视作品节奏的内在要求，这是影视作品的基调。而叙述性节奏主要是指节目内容和人物情绪发展的状况，展示的是整个事件快慢缓急的发展过程。

在总体节奏统一的情况下，编导制作电视片时应尽量安排轻重缓急的变化，一味求快或者一味求慢，都会造成人们心理的疲劳。此时总体慢中局部的快或者总体快中局部的慢，反而能更好地衬托出总体的慢或快。内部节奏由以下两部分组成，或者说它受如下两方面因素的影响：一是内容的要求，也就是由情节决定的节奏。不同的情节冲突自然会有不同的节奏，即使是同一电视片中不同的内容片段，也会在节奏的总谱中产生明显的变奏。二是情绪的要求。同一事物，在不同的情绪状态下，人们所感受到的节奏是不一样的。唯有满足这两个要求，创作者才可以通过对情绪节奏的控制，将自己的创作意图传达给观众，从而给观众带来不同的心理感受。

一、情节冲突

如果要制造一种紧张情绪上升的节奏感，编导可以采用前进式句子，使电视片在一定长度的放映时间内包含较多的镜头数；反之可采用后退式句子来降低剪接率;而循环句式则可以产生一种张弛有度的效果。前进式句子是电视台法制节目经常使用的一种手段,电视片《扭曲的灵魂》案情曲折,编导在编辑过程中力求表现案件的紧张、场面的沉重和受害人家属的悲伤情绪,因此节奏比较缓慢,推理案情与铺陈事实,环环相扣;而抓捕罪犯的部分,则紧张惊险,节奏较快。

一般来讲,剧情发展的矛盾冲突越激烈,情节变化越剧烈,电视片的节奏就会越快;反之,剧情发展的矛盾冲突比较缓和,情节发展冲突不大,节奏往往会比较缓慢。内容决定形式,编导只有正确地把握剧情发展和情节变化,才能正确地掌握、处理电视片的节奏。

或许我们都有过这样的经历,越是处于期待的心理状态,越会感觉时间过得慢;越是处于不经意或注意力高度集中的状态,越会感觉时间过得快。要让观众感觉意犹未尽,最有效的办法就是使观众的注意力得到保持,有节奏地对观众进行刺激。所以对于节奏控制来说,最佳的时间配比关系应当是:

播放时间＞观众心理感应时间＞视频节奏＞观众心理节奏

也就是说,编导要拿捏好观众的心理期待,通过节奏的设置来控制观众对悬念的期待,并最终满足其期待,这便是成功。

简而言之就是,冲突、矛盾及多种观点的碰撞容易产生推动力。比如,电视新闻专题片讲究的是片子的动态发展,其一般的线索是这样的:

开端—情节点—转折点—高潮点—结尾

这就是电视片的推动过程,也是电视片的一种节奏。转折点在于人物被卷入复杂的处境中,随之而来的是大问题的出现,然后大问题被分解成一个个小问题,最后大问题得以解决。

二、人物情绪

人物情绪是观众观影心理的反映。认知心理学的许多理论被运用在了影视语言的节奏把控中,使电视专题片更符合观众的生理和心理特征,同时也使观众产生了对片子的感悟与接纳。

节奏对观众来说是一种强迫性的心理效应,具体表现为让看什么、不看什么、先看什么、后看什么、看多长、看哪段等。

泰国的潘婷励志广告《你能型》就不同于传统的将头发甩开展示良好发质的洗发水广告，而是拍成了一部微电影。基于泰国的阶层分级，这部微电影式的广告片阐述了人性中的不甘、不服、追求、向上和求异。广告讲述的是一个失聪女孩想学小提琴却被人嘲讽，但小女孩仍然坚韧顽强地成长的故事。广告的整体节奏就像小女孩拉的小提琴乐曲一样优美，时而缓和，时而激烈，并且镜头设计上多采用平行蒙太奇的表现手法，例如，整个作品设计的高潮部分是小女孩背着老乞丐送的破旧小提琴来到古典音乐大赛的舞台演奏《卡农》，一头乱舞的秀发渐渐成为重点，这是广告节奏最紧密的部分，用一只破茧而出的蝴蝶作类比，演绎小女孩走向成功的过程，小女孩闭上眼睛回忆老乞丐对她说的每一句话，以及自己曾经受到的冷漠和嘲笑，现实时空和回忆时空交叉构成一组节奏感强烈的镜头，把整个广告推向最高潮。这也是广告最励志的部分，编导在剪辑上做了精细的设置，使镜头之间的衔接很流畅，节奏很和谐，与广告的叙述节奏实现了完美统一。

在这个过程中，人物情绪被调动得很彻底，观众感同身受地进入这个故事中，人物情绪从低落到无助，再到绝望，从被鼓励到重建信心，再到最后获得认可而产生满足，这一系列变化都是电视片情绪的节奏，都在刺激着观众的神经。

一般在一个完整的叙事中，矛盾伴随片子的时长会产生高低变化，矛盾最高潮处，即片子的高潮点（或转折点）出现在片子的 2/3 处，高潮来得过早或过晚都会给人一种不太舒服的感觉——高潮来得过早，容易使情绪铺垫不完整，减弱高潮的情绪效果；高潮来得过晚，则会让片子草草收尾，给人一种虎头蛇尾的感觉。

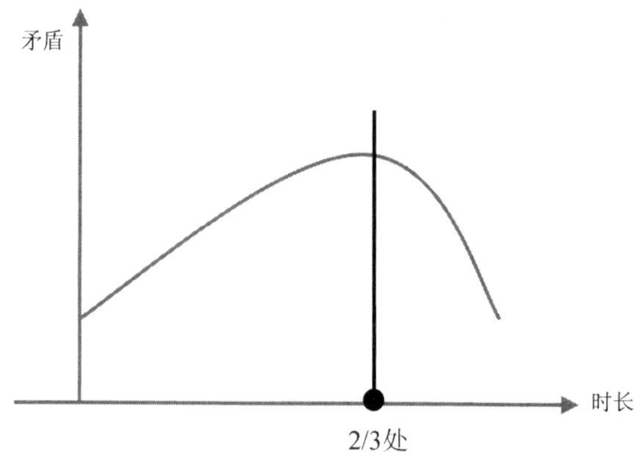

图 7-1　高潮出现的最佳时机

三、叙事张力

正如上文所说，能够吸引人的电视片必然存在矛盾，必然存在相背离的两对概念，这其实就是叙事张力。张力就像一只上了弦的弓箭，只有让弓箭的弦绷紧，向相反的方向拉扯，才能有动力让箭飞得更远。如果在一部片子的叙事中画一条横线，那么横线的两端就分别是正方和反方，叙事的张力就存在于对正方和反方的分别叙述中，而对于这对相反方向的概念，我们不能将双方的博弈结果和盘托出，这会损失叙事的吸引力，打击观众的观看兴趣。

对于以人物为主要对象的电视片，这样的矛盾冲突通常表现为生活现状与理想的反差，这容易激起观众对人物命运的关注，也是节奏感最突出的表现之处。有的时候，正方表现为积极的发展方向，而反方则表现为消极、负面的发展方向。例如，探索频道的纪录片《列国图志：中国篇》就挑选了中国人中的几个个体，并在对每个个体进行具体叙事之前，就摆出了他们生活中的“正方”与“反方”。片子的一部分讲述了一个 12 岁的体操运动员金杨蕊娜的参赛经历，她为了参加 2008 年国家体操队的甄选比赛，正经历内心的煎熬，在这个事例中，“正方”是想要被选拔进入国家队的愿望，“反方”则是阻碍她比赛获得成功的种种因素，包括主人公可能会出现的较差的比赛表现、较大的心理压力和并不丰富的比赛经验。片子并未马上把她的比赛结果展示出来，而是一一展现出金杨蕊娜的每一个单项表现——她在跳马、自由体操、平衡木和高低杠四个单项中的表现并不稳定，她在跳马项目的落地动作上出现了失误，自由体操项目却表现得很好，平衡木项目中她又跌落器材出现严重失误，但第四部分高低杠项目她又表现得非常好。在这四个项目的比赛过程中，片子一直在表现一种起伏变换，过程叙述详略得当且重点突出，让观众一直沉浸在金杨蕊娜能否赢得比赛的悬念中，成功做到了“牵着观众走”。这种起伏不定的节奏变化就是叙事的张力。片子中的另外一位主人公钱春多是上海的一位普通白领，她的“正方”与“反方”更为明显：“正方”是她希望能够在上海这样竞争激烈的大城市得到立足之地，“反方”是上海对人才的苛刻要求——既要长得美，又要能力强。在这样的矛盾之下，钱春多选择了整容来让自己更有资本、更具竞争力。这样的矛盾既描述了钱春多这个个体，又概括了中国大中城市高竞争压力下年轻人的生存状态，同时还显示了叙事张力。

第三节　电视片外部节奏的处理

外部节奏即造型性节奏，指电视片中通过多种造型手段表现出来并能为人们所直接感受到的节奏形态，是通过画面剪辑、镜头运动、颜色变化、时空转变、解说、音乐等营造出的动态感。也就是说，外部节奏是通过可感受到的运动和形式，以及对素材的主观创造性构造所营造的一种节奏，并表现为一种外部视听的韵律。它是为表现主题服务的，因而它的应用必须有利于主题思想的表现，不能为了使用技巧而破坏或冲淡了主题思想。

一、镜头的摇曳

（一）镜头主体运动节奏

主体运动速度、方向和幅度会对视觉节奏产生明显的影响。主体运动快，节奏快；主体运动慢，节奏慢。在主体动作中“动接动”，节奏加快；在动作暂停处“静接静”，节奏放慢。同向主体动作顺势而接，节奏相对流畅、平稳；反向主体动作交错连接，节奏变得活跃、跳动。

此外，主体运动速度的表现与拍摄时选择的景别、焦距有关。一般来说，远景、全景会使运动的节奏变慢；近景、特写能加快运动节奏；而中景较能真实反映运动速度。比如表现赛马的过程，起跑时用远景，能表现众多骑手及马的各种姿态，然后用中景摇可以表现速度，接近冲刺时选最快的马，用近景推成特写，到达终点时用特写充满画面以形成一种视觉冲击力。当然，用特写拍运动物体需要一定的基本功。由于景深的透视比关系，不同焦距镜头的运用会使同一运动物体的速度感觉不一样。对于纵向运动的物体，用广角镜头拍摄显得速度快，用长焦距镜头则显得慢，因为广角镜头的透视比大于长焦镜头。对于横向运动的物体，用长焦镜头拍摄时速度显得快，用广角镜头拍摄时则显得慢，因为长焦镜头比广角镜头视角小。

镜头的运动（包括内部运动和外部运动）（推、拉、摇、移、变焦距）也会对节奏产生影响，特别是一些固定的物体，如建筑、生产设备等，可以通过镜头运动造成节奏感。镜头运动产生的节奏感与运动速度成正比，运动速度快，则节奏快，运动速度慢，则节奏慢。具体来说，推镜头会使节奏有趋快的感觉，拉镜头则会使节奏有趋于舒缓的感觉。应当注意的是，镜头的推与拉（变焦距）有时能代替机位的推与拉，但两者的客观效果不一样。推拉机位时，被摄对象有前进或后退的效果，而镜头的推拉只有视野放大、缩小的感觉。有些初学摄像者为了追求画面的变化，频繁地使用推拉镜头，反而容易造成不稳定的感觉（俗称拉风箱），这种情况应尽量避免。镜头运动的速度，应当与所拍电视片的节奏相吻合，比如为舒缓的音乐配画面，应多用舒缓和抒情的摇、移镜头；而如果为一段摇滚音乐配画面，则应多用快节奏的推、拉甚至甩镜头。

（二）摄像机的运动节奏

画面速度包括主体运动的速度和镜头运动的速度。相对于画面内主体的绝对运动，镜头的变化（或者叫摄像机的运动）使主体与画框产生一种相对运动（包含通过变焦拍摄所产生出镜头的变化，如推镜头和拉镜头，通过摄像机本身位置的变化产生出摇、移、跟、升、降和甩镜头等），从而使画面具有不同的变化速度，产生不同的动态效果。

景别是指画面所表现的视阈范围，包括远景、全景、中景、近景、特写，它是指画面中主体和环境的比例。随着景别由大到小的变化，主体越来越突出，环境越来越居于次要地位直至消失。一个片子中，全景系列（远景、全景、中景）的画面多，画面节奏有可能慢，而近景系列（近景、特写）的画面多，画面节奏就可能快。

摄像机的运动与主体运动一样，可以通过速度、方向的改变来产生不同的节奏感受。而且，运动摄影能够给予静态物体以运动的效果，产生出节奏的变化。

（三）剪辑的变化

镜头的长短决定着作品的剪辑率。

剪辑率是指单位时间内镜头个数的多少。剪辑率和节奏的关系是：剪辑率越高，镜头越短，节奏越快。剪辑率常用在体育片花的剪辑中，中央电视台体育频道在转播每届奥运会的时候，都会及时将过去的比赛剪成一个个精彩片段，并配上节奏明快的背景音乐。可见，为了突出运动美和体育的对抗性，高剪辑率是最好的方法之一。

任何电视片的镜头都不可能用同样的时间长度来组成，总要有长长短短的画面来连接，把握好这长长短短的画面，就把握好了它的节奏。但这长短不一的画面，又要根据实际所表现的内容来定，如一部表现非洲大草原的专题片，开头是一个长达20多秒的航拍空旷原野镜头，接着是两三个短促(2秒左右)的大草原上动物的面部特写，然后是一组五六秒的动物奔跑和嬉戏的中景，最后是一段长达10多秒的主要目标场景的镜头。这样，在开头一分钟左右的时间里，长短组合使画面有了很好的节奏感和美的韵味。

镜头切分频率和剪辑频率密切相关。镜头短，剪辑频率必然高，节奏也就快；镜头长，剪辑频率低，节奏也就慢。所以，剪辑频率是控制电视片节奏的重要因素。从节奏基调来把握，表现抒情内容或庄重、宏大的场面时，宜用较长镜头组接；表现欢快、热烈或强烈动感的内容时，宜用较短镜头组接。

科学家通过实验归纳，提出了一个较适宜的镜头(时间)长度规范值：

特写：1～2秒；

近景：2～5秒；

中景：3～7秒；

全景：8～15秒；

远景：10～20秒。

这只是一个参考值，不是一成不变的。比如运动镜头，本身就在不断变化，可以长些；而静止镜头，特别是简单的画面，则可以短些。

二、影调的渲染

影调的渲染是指影视画面的明暗基调和层次。在汤姆·汉克斯(Tom Hanks)和梅格·瑞安(Meg Ryan)主演的经典电影《电子情书》中，影调的运用是隐晦而恰当的，影片在前半部分分别描述了男女主人公的生活，对两人的镜头处理差别很大，男主人公是个精明、冷血、不近人情的商人，凡是拍到他的画面都以蓝色调为基色；而女主人公是一家世代相传的小书店的老板，她善良、温柔且不贪恋钱财，拍摄她时画面就以温馨柔和的黄色调为主。

那么，影调与影片节奏有什么关系呢？这与人对色彩的视觉及心理感受有关：暖色调柔和，暗示的是舒缓、宁静和放松的慢节奏，传达的是阳光、温暖和积极向上；冷色调凌厉，暗示的是紧张、刺激、冷酷的快节奏，传达的是紧张急促。因此，我们可以看到，央视节目《真诚·沟通》的片花多采用暖色调，因为它的主人公大多传递出一种正能量；而在那期名为《谁动了我的隐私》的新闻调查中，凡是涉及偷窥、偷拍的情节，镜头影调一律采用灰蓝色，有的画面甚至选用全黑背景，为的就是呈现一种紧张、局促的影片节奏。

三、音效的激荡

（一）音响同期声

音响同期声会对电视片的节奏起到烘托作用，如自然界中的各种声音——鸟鸣、雷电、风雨流水等，自身就具有节奏的美感，运用在电视片中，会使观众有身临其境的感觉。如果在整个电视片中有目的地分段使用，整体的音响节奏就会更协调。

在经典电视纪录片《藏北人家》中，编导在剪辑清晨时分措达家的女人们提前起床做酥油茶、收拾家务这一场景时，特意将女人们生火时摆弄羊皮风箱所发出的声音强调出来，弱化了其他人还在沉睡而发出的打呼声。之所以这样处理，主要是因为：第一，羊皮风箱的声音节奏感很强，用来衬托草原清晨的宁静和万物待苏很合适；第二，强化羊皮风箱、弱化鼾声也可以在合理范围内凸显藏北地区女人的勤劳能干。

同期声不仅增强了片子的真实感和节奏感，还强化了节奏的深层表意作用，让节奏带出了意义，意义带出了片子想要表达的主题。拍摄寺庙时，加入晨钟的声音可以反衬大山的空旷和寺庙的清静深幽；拍摄山村时，加入放声长喊的声音作为同期声，可以加强现场的真实感；拍摄农村时，收录鸡鸣狗叫声和乡音，可以增强农村的气氛。这些音响同期声的运用，能给观众带来一种优美的听觉享受，比后期使用音乐要好得多。

（二）音乐节奏

音乐节奏会对整个片子烘托气氛起到很大的作用。编导在音乐创作和选择上要有针对性，根据具体情况配置适当的音乐能提高片子的艺术水平。

旋律和节奏的组合能够调动情绪。通过与不同的长短镜头组合听觉节奏得以体现，听觉节奏与视觉节奏的统一往往会给人一种兴奋感。许多音乐电视就采用这种方法，给观众带来愉悦感和舒适感，例如韩国的音乐电视就经常使用这种方法。风靡全球的《江南 style》就是抓住节奏韵律感的魅力的典型，骑马舞的节奏和音乐电视整体的剪辑节奏和谐一致，让人印象深刻。

电视片外部节奏的产生依赖三个方面：一是画面内诸要素有规律的运动变化，主要是人物或物体的运动、色彩、构图的变化等；二是镜头的运动和组接形成的镜头的内运动和外运动、画面组接形式和电子特技等；三是解说、音乐、效果声形成解说词的修辞、音乐节拍、效果特性等。这三个方面的关系为：画面内的运动变化是节奏变化的基础；镜头的运动、画面的组接是表现形式；解说、音乐、效果声是辅助和补充。例如，1975 年金球奖最佳纪录片《可爱的动物》巧妙地利用了声音、画面和音乐的关系，将动物拟人化，惟妙惟肖地把大自然中小动物的习性、动作像故事一样讲出来，并且有情绪变化、有动作反射等，可以说，光影、配乐、声音等多方面因素共同促成了这部让观众看起来兴趣盎然的电影的成功。所以，处理好三个方面的关系十分重要，这是节奏把握成功的关键。

随着电子技术的发展和影视制作技术的提高，现今的外部节奏具备了新的内涵表达和调节手段。数字技术和非线性编辑设备的发展使传统影视的制作方式得以彻底改变：改变了只有摄像机机械运动的方式，改变了影视主题与本质的照相写实主义。影视制作不再是通过摄像机在银幕上复制出运动物体的图像，而是进入一个现实和虚拟、反映和创造相结合的时代。电视节目的后期编辑系统越来越先进，电子特技的种类也越来越多，效果越来越奇妙，其效果甚至超出了我们的想象，几乎到了想做什么效果就能做成什么效果的地步。电子特技为制作特殊的效果提供了方便，为修正前期拍摄的不足提供了可能，也为连接差别较大的镜头提供了多种过渡方式。现在，先进的电子编辑技术甚至可以超出蒙太奇的效果。

目前的特技可以分为以下几类：平面特技，包括画面的放大、缩小、旋转、移动、剪切等；变形和卷曲，包括画面的拉伸、扭曲、弯卷，透视角度的改变等；图像特技，包括画面颜色的调整，如马赛克、变焦、淡入、淡出、虚化、模糊等；蒙太奇特技，利用主机内的帧存储器，将活动画面按一定规律进行捕捉、存储，然后与活动画面有机组合在一起，从而形成如拖尾、影子、叠加多个分画面，或运动、模糊、抽帧等特殊效果。[①]

特技极大地扩展了摄像机运动的空间，不但可以模拟出摄像机运动所产生的

---

① 党东耀.对电视片节奏的再认识[J].广西师范学院院报(哲学社会科学版)，2006，27(2)：146-149.

运动效果，还可以随意地定义运动的轨迹，甚至产生真实世界没有的虚拟运动效果，呈现出一种崭新的艺术性。可以说，特技极大地丰富了外部节奏的表现手段。

总之，电视片的节奏是内部节奏和外部节奏的统一，也就是叙述节奏与造型节奏的结合。出色的结合可以极富感染力地展开事件的讲述，成为一种隐藏于可感受到的外部运动之中的内在运动的节奏因素。内外部节奏是电视专题片节奏形态所体现的两种基本方式，也是电视人一直在追求的一种契合，是探讨和研究电视专题片的对象和基础。二者的关系如下：

首先，内部节奏决定外部节奏，外部节奏补充内部节奏。内部节奏即叙述节奏，只是提供影片所表现内容的内在运动的节奏因素，但要使这一节奏因素被感知，必须将它置于作为造型手段的外部运动之中。要准确把握影视作品的节奏，就要先准确把握作品所反映事物的发展规律以及由此形成的内部节奏。就像上文所讲的，虽然不同节目类型的片子节奏不一样，但最终还要看片子的内容适合什么样的节奏。

其次，外部节奏对内部节奏的反映是能动的。外部节奏是造型艺术和拍摄制作技术的体现。成功地使用外部节奏，即造型节奏，能够深入地发掘作品内在的韵律，并通过视听形象生动地表现出来，而且能够以外在的形式美提升内在的节奏美。

外部节奏与内部节奏的统一是电视片制作的基本要求，是达到影视片内部结构的联系性和外部结构的连续性的关键。但是统一并不是单一，单一的节奏只会使人感觉平淡乏味。事实上，没有变化的节奏也不能称其为节奏。

思考与研讨题

1. 电视片的节奏有什么特点？
2. 景别和节奏有什么关系？
3. 电视片如何才能创作好的内部节奏？
4. 电视片的内部节奏和外部节奏有何种关系？

第八章 档案类电视节目的编导

本章要点

1.档案类电视节目的概念及特点

2.如何做好档案类电视节目编导

近年来，档案类电视节目越来越多地出现在公众视野中，全国大部分卫视都有档案题材的电视节目。那么，如何成为一名优秀的档案类节目编导？本章将以北京电视台的《档案》节目为例，讲述节目制作技巧，梳理节目制作理念。

第一节 什么是档案类电视节目

一、档案类电视节目的概念

档案类电视节目一般“以科学考古发现或时事热点为切入点，开启尘封的历史档案，以今人的眼光重新审视历史，用现代的视角解读过去，用独特的方式为观众提供真相。在拍摄方式上，档案类电视节目充分运用先进的电视技术，并加入电影元素，将场景再现，使观众在欣赏节目的同时从历史的启示中标识出现实社会人类文明的坐标与走向”[①]。

二、档案类电视节目的兴起

1998年，上海东方电视台创办了周播节目《星期五档案》，2002年上海纪实频

① 贾文溪.中国档案类电视节目探析[J].档案时空，2013(8).

道开播后,《星期五档案》挪至该频道播出,并更名为《档案》。自此,以“档案”为题材的电视节目开始如雨后春笋般地出现,全国大部分卫视都开设了这类节目,如中央电视台的《国宝档案》(2004 年 10 月 4 日)、江苏卫视的《黑白档案》(2004 年 1 月 10 日)、北京电视台的《档案》(2009 年 2 月 4 日)等,这些节目虽然在播出模式和节目形态上有所不同,但涉及的领域和选题内容大致可以分为历史档案、社会纪实、社会法制、艺术揭秘等主要方面。

从社会文化背景来看,档案的信息化建设越来越受到国家和社会的高度重视;从媒介发展视角来看,随着电视节目市场竞争的日渐激烈,档案类电视节目凭借良好的收视率和受众口碑迅速占领市场;从受众需求角度来看,节目类型的不断进化使得受众人群更加细分,档案类电视节目逐渐被人们关注且接受;从档案自身特点来看,档案里很多适合媒介传播的优质信息既能够深度反映、还原并呈现历史,又兼具真实性和真实感。

三、档案类电视节目的特点

(一)内容的故事性

从国内对电视节目类型的划分来看,档案类电视节目一般被归为故事类电视节目。这类节目从历史中撷取选题,运用纪实手法,通过主持人讲述的方式向观众呈现历史事实。不管是还原大背景下的某个历史事件,还是记录某些特定个体所经历的起起伏伏,都使观众能够近距离感受历史,“消费”历史,在获得感官满足的同时接受历史与文化的熏陶。

(二)结构的戏剧性

作为以讲故事为呈现形式的电视节目,把故事讲得引人入胜是节目的关键。档案类节目往往通过构建戏剧性的故事结构来吸引观众,充分发挥戏剧性元素的魅力,在故事的重要节点上巧妙地设置悬念,并以别致的角度切入选题,用生动的细节将一个个人物与事件加以衔接,使看似简单的线性叙事变得异彩纷呈。对于整个故事的高潮部分,节目的安排往往独具匠心:一方面,故事情节的发展跌宕起伏,环环相扣;另一方面,观众的情感也在欣赏戏剧性结构的过程中逐步累积。艺术化的情感依托戏剧化的叙事,借由情节的爆发点激活观众的情绪点,让情节与情感的高潮同时到来，给观众带来最强烈的刺激与感染。

（三）非语言符号的多样性

非语言符号在电视节目中的作用日益突出，档案类电视节目要把故事讲好，由大量非语言符号组成的叙事景观同样不容忽视。没有叙事，故事的连贯性和结构的完整性就无从谈起；没有景观，叙事本身无法带给观众身临其境的现场体验，叙事的效果就会大打折扣。借助丰富多彩的非语言符号，档案类节目不再囿于对历史的冰冷表述，而是为故事本身注入丰富的内涵，使观众获得回味无穷的感官享受和心灵体验。

（四）主题的思辨性

档案类电视节目的呈现有别于财富故事、情感故事等同类节目，成功的档案类电视节目往往会对故事主题进行更为深入的挖掘。无论是时代背景下的宏大叙事，还是光怪陆离的人生百态，节目主题都不局限于故事本身。对时代的大叙事，不仅仅是就事论事，更重要的是要充分展现故事所具有的历史厚重感；对个人的小叙事，则应不拘泥于小儿女姿态，而要更多地追忆人性的动人光辉。档案类电视节目不仅要追求好故事，更要具有思辨性，从而体现超越故事本身的人文关怀，引起观众的情感共鸣。

第二节　如何做好档案类电视节目

一、节目创作理念

档案类电视节目编导需要谙熟节目宗旨，在题材与内容的选择上注意坚持正确的历史观，同时还要发挥现代电视技术优势，运用特效画面，在媒介融合与多屏互动传播中吸引受众。

实现档案类电视节目的“寓教于乐”，具体来说要做到以下几点。

（一）要树立“大历史”观念

在实际策划和确立选题时要注意贴近百姓生活，紧跟时事热点，展现人生百态，透视社会万象。百姓关心、关注的热点话题和焦点事件是节目选题的目光指向。编导在策划和选择选题的过程中要注意避免根据自己的兴趣和爱好而有偏向性地选择内容，更不要“就原理而说原理”或“就历史而写历史”，陷入狭义的“档案”中。

“大历史”的观念是时代和百姓对档案类电视节目提出的新标准和新要求，基于这样的观念，编导在进行选题策划时应当确立的思想是：提高百姓的科学文化素质，向百姓普及历史文化知识，培养百姓的历史人文意识。

（二）要进行前瞻性策划

档案类电视节目要想真正实现传播目的，提高传播效率和提升节目品牌价值，就必须要有长远的选题规划。编导要将历史的深度与生活的广度结合起来，以拍摄与制作的可行性及社会的关注度为依据，以选题自身的重大性和实效性（比如新近发生了重大的考古发现）排出缓急先后的计划，既要有适应近期需要的节目计划以及当前的热点事件，又要有根据重大历史事件或历史时刻策划出的前瞻性节目。

（三）要强化服务性意识

刻意制造悬念和过于平铺直叙是档案类电视节目两种较为常见的问题。有些节目为了制造悬念，故意将档案材料复杂化，刻意吊人胃口，编导虽利用了观众心理，却忽视了观众感受；有些节目则过于平铺直叙和严肃拘谨，缺少可看性，编导应通过电视语言的艺术加工，更好地吸引观众。

因此，编导应当在节目制作上始终保持对观众收视心理的把握，将档案信息转化为浅显易懂的语言进行表述，力争做到严谨、精彩、贴近生活，变深奥为通俗，化抽象为形象，让百姓在轻松有趣的气氛中了解历史、感悟历史。

二、如何构思选题

下文主要针对北京电视台《档案》节目，具体分析编导构思节目选题的方法。

《档案》是北京电视台推出的一档纪实节目，于2009年2月4日开播。节目将形式定位为演播室节目，通常由一个特定的、极具个性化的讲述者（主持人）进行现场讲述和展示，节目以案件和事件现场实录回放为线索，披露国内大案要案、社会传奇、情感故事等，内涵深、外延广。该节目融合了国外最新传奇探索节目和国内栏目形式，以前所未有的视觉冲击力和“新奇特”的视角探索历史，找寻那曾经的真实所在和鲜为人知的事实真相。

《档案》节目在构思和选题上做到了广泛而深刻，选题包括中国古代历史解密和重大中外历史交往与国际关注的重点时事、世界历史上的谜团、国宝档案、传奇历史人物、第二次世界大战、当代著名人物、历史上的重要发明、国际国内已经解密的高等级军事档案、公安档案、安全档案等内容。尽管这些内容看似包罗万象、面面俱到，但整个编导团队仍需在节目内容和选题上精挑细选、深耕细作，因为《档案》作为电视节目，在把握正确舆论导向和揭秘尺度的同时，还必须要面对收视率和观众的口味问题。因此，在节目构思和选题策划上编导应当注意以下几个方面。

（一）档案内容的真实性

档案类节目通常给人以真实感、神秘感和新鲜感，因此节目选题往往是一些大众熟知的人物或者事件背后某些鲜为人知的档案。为确保节目的影响力和收视率，编导需要根据节目本身的创作模式对所有题材和内容的真实性进行严格筛选。由于档案工作的特殊性，在浩如烟海的档案中寻找最终进入公众视野的内容并不容易，往往需要编导在合理假设、充分调研、细致梳理、认真总结的基础上才能确定一个合适的选题。

编导必须对节目选题的真实性和可行性进行合理的假设，先确定大致的选题方向，然后进行充分的调研，在调研过程中，不仅要充分利用团队的内部资源，如资料组、翻译组等，更要对各类档案信息有极高的敏锐度和感知力，既要参考借鉴已有的文学和影视作品，从中找寻线索，更要到各类专业网站、国内外的档案馆、历史博物馆、研究中心去获取第一手资料。

（二）解读视角的独特性

档案类电视节目向观众传递的不仅是内容本身，更是观念和价值。作为档案信息的传播者，内容的真实为《档案》的公信力奠定了坚实的基础，但是如果节目只是把事实重新呈现给观众，那么节目的效果和意义将大打折扣，也违背了节目的制作宗旨。《档案》的节目宗旨是以独特的视角解释一些人们心中难以解开的谜团，或者深远而诡异，或者难见而有趣，但不论怎样，都要做到讲述严谨而深刻。从节目宗旨中我们不难看出，独特的视角是编导需要遵循的第一要义，如果没有了独特的视角，《档案》也就失去了特色。

再来看看制片人吕军对于节目的介绍："对于真相的深度挖掘和独家解读是《档案》的初衷，也是节目努力的方向。"独特的视角对于编导来说意味着对题材的深入挖掘，更意味着对历史的珍视与尊重。

《档案》节目的独特视角还体现在编导与历史亲历者的密切接触。例如，2009年10月4日播出的《开国阅兵》，编导煞费苦心地找到当年开国大典总指挥杨成武草拟的《开国大典阅兵典礼方案》复印件，虽然仅仅是一张复印件，但无疑是这期节目中最有价值的档案。编导将这尘封已久的资料用在节目中，将观众直接带回到60年前。因此很多时候，编导只有为了求证一份资料而走访很多亲历者和见证者，才能在采访中获得意想不到的珍贵档案。

（三）社会热点的关联性

档案类电视节目要善于结合社会关注的热点事件，以满足观众期待达成与历史的契合。虽然历史、文化和考古题材资源丰富，但并不是所有题材都适合节目播出。在选题策划时，编导要注意在题材和播出之间找到合适的对应。换句话说，节目虽然是在讲述历史，但是它对现在的受众仍有以史为鉴的积极意义。

《档案》节目自2009年开播以来迅速走红，收视率逐年上升，到2011年由周播改为日播，单期最高收视率曾达4.7%。而在已播出的143期节目中，按照时代的划分，与中国近代史相关的有50期，与中国古代相关的有14期，与新中国建国历史相关的有17期，"二战"题材的有17期，而与现代社会热点事件相关的有45期；按照选题性质划分，政治题材有47期，社会题材有40期，人物题材有56期，人物题材中又有11期是与社会时事热点相关的。

从以上统计数字不难看出，就档案类节目而言，选取与舆论氛围紧密结合的选题往往能够取得较好的收视效果。但是，受专题类节目播出时效性的影响，这一类型的节目很难在信息传播的第一时间赢得先机，只能在"第二落点"寻找机会，即在热点事件发布之后，再深入挖掘新闻事件的内涵和外延，扩充信息量，强化可视性。因此，对于社会热点事件的深挖与解读，应是档案类节目编导需要关注的主要方向。社会热点事件中主要人物鲜为人知的背景故事、社会热点事件背后隐藏的秘闻往事，往往是观众所喜闻乐见的，可以作为节目的"第二落点"。

除了紧跟社会热点并抓好"第二落点"外，对于重大历史事件的提前筹备也是选题策划的关键。例如，2009年10月4日北京电视台《档案》节目播出的《开国阅兵》取得了收视佳绩，因为当时恰逢中华人民共和国成立60周年，这期节目正是在这一重大历史时刻的节点上提前策划并精心打造的。再如，2014年到2015年，《档案》节目组先后推出了“伟大系列”三部曲，把握住重大历史事件的纪念节点。其中6集系列纪录片《伟大的抗美援朝》连续播出6天，这6天的播出时段，收视率占到所有卫视频道所有节目同时段排名的第6位（这一播出时段正是各大卫视播出娱乐节目的重要时段），并且获得了中宣部“五个一工程”优秀作品奖。另外两部《伟大的贡献》和《砥柱中流——伟大的敌后抗战》也都收获了不错的口碑。

三、如何“讲好”故事

档案类电视节目通常使用故事片的讲述方式，即“小切口、多细节、重情节”，因此要做好题材和叙事两个方面的工作。确定了好题材便找到了好故事，而叙事就是如何“讲好”故事，亦即如何通过语言和画面把故事呈现给观众，这也是节目最难操作的关键环节。如何避免将得之不易的好选题讲成烂故事，这确实需要编导费心思量。编导在叙事上应注意以下几个方面：

（一）找准故事

故事既可以源于事实，也可以出自想象。对于档案类电视节目编导来说，题材的选择主要是已经发生的事，即封存于档案中的历史事件，而不需要去想象或者去编造故事。对于大多数观众来说，没有人看到过国家的档案甚至自己的档案，而人类历史上无数不为人知的悬念和不曾公开的秘密无疑就是最好的故事素材，它们强烈地吸引着人们与生俱来的好奇心。编导所要做的就是运用讲故事的技巧把这些悬念和秘密结构完整、情节紧凑地揭示出来，以历史为证，把人们无法想象又无从获知的历史真相公布出来，而真相本身就是比想象还要精彩的故事。

（二）抓住人物

事件总是围绕人物展开的，可以说人物活动是历史事件的灵魂。同时，人物也是故事的核心，要想讲好故事，就必须抓住人物，詹姆斯·傅瑞在他的《超棒小说这样写》一书中就不断强调：故事是在写人。[①]

从统计资料看《档案》的选题发现，该节目对近代史相关的题材关注度较高。

---

① FREY J N.超棒小说这样写[M].尹萍，译.台北：云梦千里文化创意事业有限公司，2013.

节目对于人物的选择大都集中在著名的历史人物和文艺界人物上，他们同样是当下比较被观众认可的故事性人物。节目以人物的经历、心理剖析为线索讲述历史事件，所以，选题配合故事叙述在很大程度上切合了大众的兴趣点。[①]

（三）运用影像

历史题材故事在讲述中遇到的最大问题便是影像，在人类历史档案中，对于历史的记录既有文字也有影像，但是影像的记录相比文字记录的历史要短得多，摄影技术发明之后，影像记录才有迹可寻，这就意味着很多历史题材的故事无法带来可视化的传达。这便需要编导运用技巧为观众提供可视的影像元素。

《档案》节目通常选择用资料讲述历史，主持人戴着手套小心地将一份“真实”的档案从档案袋中取出，镜头推向这份档案的同时，主持人念出档案上面的文字，这样的处理是可视的，同时也加强了观众对于档案的期待和信任。

相比于文字的档案，影像的资料弥足珍贵，《档案》采用主持人播放幻灯机的方式将照片打开，或者采用打开胶片放映机的形式将动态影像播放出来，展现给观众，这部分影像往往是货真价实的历史影像，虽然画面质量因为年代久远以及存储介质的原因受到影响，但真实性毋庸置疑，观众伴随着影像的投射，成为历史的见证者。编导需要在讲述过程中打通观众的所有感官，仅凭少量的、有限的历史资料很难满足观众的需求，为了营造强烈的代入感，使观众身临其境地感知历史，编导还要运用现代电视技术与理念，采用目前国际和国内较为流行的情景再现方式对历史事件进行二次加工，我们无法承认这些再现镜头作为历史影像的真实性，但是它们无疑为观众营造出了属于历史的真实感。在档案类节目的创作过程中，故事的真实性与画面的真实感同样重要。

（四）设置悬念

怎样将真实的事件讲得吸引人呢？古人说看戏看轴、听书听扣，“扣”就是说书人卖关子，故意设置悬念吊起听书人的胃口，现在这种设置悬念的手法被大量引入电视节目的制作中。因此，如何合理地设置悬念也成为档案类电视节目叙事的关键。

法国著名剧作家贝克曾对悬念做过较确切的解释：悬念就是“兴趣不断向前

---

① 牛慧清，王滋.让尘封的档案“活”起来——浅析 BTV《档案》的传播策略[J].中国电视(纪录)，2014(5).

冲、紧张和预知后事如何的迫切要求”。在节目中，悬念的设置通常要打乱事件发生的时间和空间顺序，重新设置故事架构，巧妙地将故事中最引人入胜的情节和段落置于节目的关键位置，设置持续间隔的冲突和疑问，从而引出悬念，激发观众紧张和期待的情绪。

悬念设置需要注意两个要点。第一，因为电视节目是按帧、秒来计算时间的，所以在节目悬念的设置上要注意简明，悬念的铺设不宜像文学作品一样过深、过缓，如孟丽君脱靴，脱了半年才解掉一根鞋带，埋得过深及故意绕弯都会给观众带来故弄玄虚的不实之感。悬念埋得越深，解开悬念所要耗费的时间就越长，使节目过于复杂，影响收视的效果。第二，悬念的设置也要注意含蓄，不能太直、太露，解开悬念的过程也不能太快，如果一边设置悬念一边揭开内幕，突然“杀死悬念”，那就失去了设置悬念的意义，又回到了平铺直叙。

北京卫视的《导演手册》中关于叙事节点的说明就体现了这两个要点，其中详细规定了各期节目文学脚本的基本要素：“以强有力的启发性事件开始；每隔 3—5 分钟段落抛出一个或者多个疑问引导观众的期待；每个期待得到答案的同时抛出一个或多个疑问引导观众的下一个期待；每个期待得到答案的同时抛出新的期待和疑问；每隔 10 分钟段落出现较大的转折，抛出更大的疑问和期待节点。”

档案类节目中的常见悬念主要有：人物命运中的危机、扣人心弦的事件和情节发展的关键道具。

思考与研讨题

1.如何对档案进行合理、充分地利用？

2.如何找准档案类节目的历史切入点？

3.如何将历史材料与社会热点结合起来？

4.如何避免档案类节目过度追求神秘与解密？

5.如何更好地发挥主持人在节目中的作用？

6.试策划一栏档案类电视节目。

延伸阅读

主持人的要求

“游走式”讲述方式进一步调动了主持人的主持欲望，只有在主持人主持欲望被高度调动起来的时候才能为节目的高质量播出打下坚实的基础。位置的变化需要主持人“游走”于功能不同的各个演播区域，这就要求主持人有较高的驾驭现场、统筹协调、整体把握的综合能力。讲述者叙事态度的严肃性和叙事立场的公正性，是一个历史讲述类节目在观众中建立公信力的根本，是重中之重。正是因为这些主持人在游走中冷静客观的讲述、娓娓道来，才使得节目在故事化讲述的过程中，悬念变得鲜活起来。历史不再是遥远而冰凉的，历史成了曲折离奇的故事，有惊心动魄，自然也有温情脉脉。

有人曾经谈道：“纪实节目主持人要做到‘四实’：内容真实、态度诚实、素材扎实、形象朴实。”《档案》节目定位为演播室节目，以一个特定的、极具个性化的讲述者（主持人）现场讲述和展示为基本形态，讲述者是拥有资料、道具的现代说书人，他依据内容抛出的悬念和疑问是节目设置的最大卖点。在现场，由讲述人运用所有的现场手段，通过翻阅、播放、展示、聆听、演示等一切可以调动的元素，把一个个故事掰开了、揉碎了讲给观众听，展示给观众看。

但是，在一档档案类的纪实节目中，强调主持人在叙事中重要性的同时，要将“在”与“不在”做好平衡。因为，一旦主持人的表现过于丰富，就会转移观众对节目内容本身的注意力；主持人对节目内容过多的评论也会压缩观众自我思考的空间，影响观众的观看情绪。《档案》对于观众的吸引力，往往靠的是故事或者选题，而非主持人。对于主持人，他们更多是采用“弱化”而不是“捆绑”的策略。不同于很多依靠主持人营造品牌的谈话类节目或娱乐综艺节目，《档案》节目主打的是内容，是档案，所以更换主持人对于节目的影响显得不会那么大。

节目开播以来，石凉、赵立新、姚安濂、谭江海、曹卫宇、曹炳琨、刘之冰、史可、孙茜、张桐、喻恩泰、丁永岱、尤勇等很多人都在节目中长期担任或者客串讲述人，尽管他们中很多人都是演员，而非主持人。

第九章 生活服务类电视节目的编导

本章要点

1.生活服务类电视节目的概念及特点

2.如何做好生活服务类电视节目编导

从中国第一档生活服务类电视节目出现至今，我国的生活服务类节目已经历经了40年的发展历程，其因实用性和贴近性成为中国电视荧屏上不可缺少的一部分。此类节目贴近生活，富有趣味性和信息量，但是如何在现今的社会环境下做到吸引观众，是个值得探讨的问题。本章选取了丰富的案例，讲述生活服务类节目的设计理念与制作技巧。

第一节 什么是生活服务类电视节目

一、生活服务类电视节目的概念

从广义上讲，所有类别的节目都具有服务功能，新闻、综艺节目、影视剧等都在一定程度上提供着对观众的服务。本章节重点探讨的生活服务类电视节目是指狭义上的直接为观众日常生活提供服务的节目。此类节目关注普通百姓的生活，向广大观众传播知识，满足人们日益增长的物质和文化生活需要。在《电视信息服务类节目新论》一书中，生活服务类节目被定义为“与人们生活有着某种直接关联，能够满足人们日常需要的一类电视节目。这类节目关注人们的生活状态、居住环境等生活的方方面面”[1]。

随着社会的进步，生活服务类节目迅速发展，形形色色的节目形态充斥于各种媒体，生活服务类节目与娱乐类节目时常被人们混为一谈。2013年，《转向：中国电视生活服务节目之变迁》一书对生活服务类节目的定义做了新的阐述，该书认为节目与实际生活需求的直接关系是判断和界定生活服务类节目的重要依据，并将生活服务类节目定义为：为人们实际的直接需求或需要提供知识、信息、实际帮助的电视节目，其题材内容包括对衣、食、住、行、用等日常物质生活需求的服务，对婚恋交友等社会交往需求的服务，对购物、时尚、享受等的物质消费需求服务，对心理困惑、情感纠纷等内在精神、情感的具体需求的服务，以及对人的生命健康和安全等需求的服务。这个定义更为具象地阐释了生活服务类节目的内涵。

对于一系列新生的娱乐体验类节目是否属于生活服务类节目的争论在业界一直存在，尤其是在过度娱乐化的趋势下，这种争论越来越激烈。本章节探讨的生活服务类节目着重针对的是娱乐性较低的节目，即通过解答问题和帮助观众解决日常生活、工作和学习中的各种实际问题，以提供直接、具体的服务为主要内容，注重实用价值，以满足观众的衣食住行等物质需求为目标的节目。

二、生活服务类电视节目的发展

1979年，中央电视台《为您服务》节目开播，成为我国最早的一档生活服务类节目。《为您服务》一改以往电视节目高高在上的宣传姿态，围绕百姓的生活进行选题制作，注重为观众解决生活难题。这档节目在电视“独大”的信息稀缺时代，产生了巨大的收视效应，获得了良好的百姓口碑。随后，湖南电视台的《观众之友》等“生活百事通”类节目也受到了广大观众的欢迎。

但是，到了20世纪90年代，繁荣的市场经济催生了大量的电视节目类型，不断崛起的新闻评论节目和娱乐节目开始分散观众的注意力，以至于人们对生活服务类节目的关注度有所下降，电视服务类节目经历了从辉煌到低谷的波动，“百事通”类型的生活服务类节目的发展陷入瓶颈。单一雷同的节目形式已经无法满足人们的观看需求，《观众之友》《为您服务》等节目陆续被取消、停办。

---

① 韩青，郑蔚.电视信息服务类节目新论[M].北京：中国广播电视出版社，2005：1.

21世纪初期，随着改革开放的进一步发展，在社会转型的大背景下，电视生活服务类节目开始转变节目理念，朝着多元化和专业化的方向发展，为了满足电视观众对生活品质的要求，近年来越来越多的电视媒体推出了地域性更强、选材更为专业的以服务百姓生活为宗旨的节目。生活服务类节目的发展经历了从“偏重实用服务功能到偏重情感娱乐功能、从追求节目价值导向到追求节目商业利益的转变”①。生活服务类节目所占市场份额不断扩大，吃、穿、住、行、玩等与百姓生活息息相关，为百姓提供服务的节目重新受到广大电视观众的青睐。

历经40年的发展历程，我国的生活服务类电视节目因其天生的实用性和贴近性已经成为中国电视荧屏不可缺少的一部分。生活服务类节目经历了从无到有、从单一到多样的发展过程，节目取材于生活，其发展过程也是人们在不同的社会环境中相应生活质量和生活状态的反映。发展至今日，具有代表性的节目有中央电视台的《交换空间》《天天美食》，北京电视台的《快乐生活一点通》，江苏电视台的《非诚勿扰》等。此外，北京卫视生活频道、山东卫视生活频道、河南卫视民生频道等以生活服务类节目为定位的频道，收视率和广告创收在省级地面频道中也名列前茅。但如今此类节目仍没有进入成熟期，发展状态可谓参差不齐。新时代的媒体人必须了解媒体环境，积极改进节目以适应时代的发展。

三、生活服务类电视节目的特点

（一）实用性

作为以服务大众为主要内容的节目，实用性是生活服务类节目的本质属性，也是区别于其他类型节目的最根本特点。节目内容深入百姓生活，从衣食住行等各方面为观众提供实实在在的帮助，以帮助、指导老百姓生活为节目理念。同时，实用性也是生活服务类节目的价值所在和立足点。制作一档生活服务类电视节目要考虑和兼顾的因素很多，如节目的播出效果、经费支持、经济效益等，但无论采用什么样的形式和理念，都不能偏离实用性这个主旨。

（二）新闻性

面对飞速发展的社会，生活服务类节目需要密切关注新的社会政策，针对当下

---

① 于烜.转向：中国电视生活服务节目之变迁[M].北京：清华大学出版社，2013：17.

的新闻热点进行服务类信息的后续报道。虽然强调节目的新闻性，但生活服务类节目报道的视角与新闻报道的角度又有所不同，生活服务类节目的新闻性更侧重于报道观众想要了解的民生信息。

“新”是生活服务类节目新闻性的主要特征。“新”包括两层含义：一是时间新，即从时间概念上说必须是“新近”的，而且越近越好；二是内容新，即节目的内容是新颖的，对当下的事实具有针对性，能给人以新的启迪。生活服务类电视节目的新闻性不但表现在对生活服务信息的传达上，还表现在对各类信息的选择上。一般来说，由新闻事件引发的选题是首选，这类选题与观众息息相关，并且能为观众提供相关问题的解决策略。这就要求节目编导从新闻理念出发选取服务信息，通过向观众提供具体、及时的信息，直接指导他们的具体行动，改变他们的生活方式和行为习惯。用新闻的理念打造服务性节目是生活服务类节目随着社会热点事件吸引观众关注的方法。

（三）贴近性

生活服务类节目的定位必须立足于百姓寻常生活、立足于服务大众。只有具有亲和力、能服务于大众的节目才能让电视观众心理上产生认同感和贴近感。在新媒体不断发展壮大的今天，大众化的思路依然是生活服务类节目的基本思路。可以说，大众化的思路是电视媒体生活服务类节目必须坚持的发展方向。节目视角平民化，贴近大众是生活服务类节目必须满足的选题要求。节目编导还可以通过新媒体互动深入了解观众的需求，尽可能多地挖掘与观众息息相关、实用性强的内容，如果能让观众参与到节目中，会有助于节目的调整与完善。

（四）专业性

生活服务类节目的目标在于将科学的、权威的生活常识和窍门传授给观众，引导观众提升生活品质，弘扬和普及科学的生活知识，倡导健康的生活风尚。这就决定了生活服务类节目必须具有科学性和专业性。例如《金牌调解》的调解团队里，除了主持人以外，还配备了心理学专家、法官、律师、伦理学教师、基层司法人员以及媒体人等众多观察员，他们成为该节目强有力的智囊团保障。这在一定程度上保证了节目内容的专业性和权威性。

第二节 如何做好生活服务类电视节目

一、如何确定选题

如今，人们对生活的关注点不断拓展，包罗了美食健康、化妆服装、旅游玩乐、购房买车等各个方面，生活服务类节目在纷繁复杂的生活中应该把准社会脉搏，着力解决百姓当下最关心的生活问题。那么，如何从众多可选的话题中确定节目选题？节目编导应遵循以下原则：

(一)依托节目定位

节目定位，即对节目的服务宗旨、受众群体、服务特色进行明确的规定，它能够为节目指明发展方向。生活服务类节目需要针对某个特定的生活领域提供有一定专业性的服务内容，节目选题的关键性依据就是节目的定位理念，只有定位明确才能赢得受众市场。

《天天饮食》是中央电视台1999年2月22日推出的一档以介绍做菜方法、畅谈做菜体会为主要内容的融知识性、趣味性、服务性为一体的节目。它的节目定位是“家常菜，家常事，家庭生活”。节目在题材选择上紧紧贴近普通大众容易打理的家常菜。制作方法比较简单，原料也容易得到，这样观众就不会因为复杂的烹饪过程，或者说很难买到原料而换频道。此外，随着人们生活水平的提高，大众需要的是一种健康、科学的饮食方式，因此，节目在制作上也始终注意食材的品种搭配和其他一些健康饮食小知识的介绍。节目定位明确，每期介绍一道居家常吃的家常菜的做法，将收视对象定位为25—60岁关注健康、关注饮食文化的观众，如今已经成为拥有固定收视群和高收视率的品牌节目。

(二)坚持观众为本

生活服务类节目在策划选题时应该坚持以观众为本，做到为观众带去某一方面的信息，满足观众了解信息的愿望，从观众的角度提出问题，并以观众最想知道的问题为选题内容，以解决问题为节目目标。在策划选题时，提出的问题越多，解决的问题也就越多，对于观众来说，节目提供的信息量也就越大。

节目选题应该遵循观众为本的原则，明确观众想要了解的是什么问题，节目又能否帮助受众解决相关的实际问题，因此编导在题材选择方面要注重与受众的需求相契合。

河北卫视 2009 年 10 月 26 日开播的《家政女皇》是一档生活服务类节目。该节目以传播生活知识为己任，教授一些生活常见问题的解决方法和生活的小窍门。该节目从观众的需求角度出发，根据不同季节和时段为观众解惑答疑，逐渐发展成为家喻户晓的节目。

（三）结合实事热点

随着社会的发展，各种与生活息息相关的新政策、新事件、新事物不断涌现，这就需要节目编导能够灵敏地捕捉到当下的新闻热点，迅速、及时地为观众提供相关服务。节目编导应该眼观六路、耳听八方，从社会服务的角度观照突发事件、安全问题等热门话题，密切留意社会生活中的种种新事物，从而更好地为观众解惑答疑，满足受众及时获得热点问题解决办法的需求。

重庆卫视的《美丽俏佳人》是东方风行传媒出品的全演播室时尚美妆节目，于 2006 年开播。该节目根据最新的网络新闻热点，及时制作相应的美妆攻略专题，例如 2015 年 6 月 26 日的节目《颜值时代如何拯救加班狗》就是针对当时网络上的热点图片"每天睡 6 小时和 8 小时的容貌差别"进行的专题策划。《美丽俏佳人》能够及时捕捉到人们的关注点，极大地保证了节目的用户黏性。

二、如何把控制作理念

（一）正确的价值观导向

作为大众传播媒介，电视节目通过特定的形式组合和多样化的风格元素，不仅承担着生活服务内容传播的重任，而且承担着节目骨肉之外更高层面上的"精髓"的传播，即价值观的传播。生活服务类节目在展现内容的同时，也在借助客观事物传达着一种价值观念，节目所展现出的价值观是吸引特定观众的根本因素。在消费关系中，消费者着眼的"不是物，而是价值。需求的满足首先具有附着这些价值的意义"①。观众主动观看某个节目，就表示他选择了某种价值观。

① 波德里亚.消费社会[M].刘成富，金志钢，译.南京：南京大学出版社，2006：59.

生活服务类电视节目中所渗透出的价值观念不可避免地会对收看节目的观众在生活方式和观念上起到积极或消极作用。这种价值观念的渗透可能是一种自发的主动行为,即节目制作组对某种价值观念予以主动表现,并希望观众能够接受;也可能是无意为之的行为,但依然会通过某种潜在话语得以表达。虽然在生活服务类电视节目中,价值观传递给观众的效果会受传达方式、表现手段和受众个体差异性的限制而不完全可控,但由于电视自身所具备的对人的意识形态产生影响和教化的作用,节目中所倡导的价值观念依然会被观众接收并根据自身的情况予以选择性理解。

节目价值观不但影响观众对节目的看法,而且直接关系到节目的发展方向和收视效果。如果节目中所表现的价值观念符合时代和社会的发展方向,就更容易受到欢迎,反之则容易被淘汰。因此,节目编导应该重视把控节目所呈现出的价值观倾向,把握好生活服务类节目的整体发展方向。

(二)轻松的节目风格

不同于新闻节目的端庄大气和娱乐节目的幽默搞笑,轻松、亲切的风格是生活服务类节目所必需的。日常生活的美在于愉悦和放松,因此,生活服务类电视节目也需要为观众营造出一种平实、亲切的风格,避免拘谨、生硬的节目形态。

在轻松愉悦的风格基础上,节目如果能够做到寓教于乐、实用性与娱乐性相结合,往往会收到更好的传播效果。例如在节目中,主持人可以和讲解者采用诙谐幽默的对话风格,可以通过抽奖、猜谜、竞技游戏等方式学习生活常识,这些都能够使节目不拘一格,让观众在笑声中学会生活的技巧和学问。

中央电视台财经频道于2005年开播的《交换空间》是一档和“住”有关,以家庭装修为节目内容的生活服务类节目。该节目采用两家交换的形式,参与者亲自动手,在48小时之内,完成8 000元以内预算的二次房屋装修,全部采用外景拍摄,真实、生动地记录了装修的过程和体验。节目形式新颖,装修理念时尚科学,气氛轻松快乐有趣,欣赏性和趣味性较强,观众接受度也很高。

(三)通俗的内容设置

我国绝大多数生活服务类电视节目都把主体放在了生活细节和生活资讯两方面。如今,各种类型的娱乐节目不断崛起,极大地冲击了生活服务类电视节目,但是仍然有很多频道的养生类节目经久不衰，究其原因我们可以发现，只有符合大众口味的通俗的节目内容才能得到良好的发展空间。

为了使观众易于接受节目内容，生活服务类电视节目应在坚持专业性的前提下，采用通俗易懂的形式，将复杂问题简单化处理，避免节目内容过于复杂晦涩，让观众厌倦。同时，生活服务类节目还要注意以鲜明的风格特色树立自身的形象。为了让观众易于接受、领会，节目制作应当有所取舍，避免把过于复杂的、专业的东西搬上荧屏。节目是服务于广大电视观众的，因此编导在选题时一定要考虑题材的适用范围和实用性；同时，也要注意不断推陈出新，发现新的生活热点和需求热点。

中央电视台的《生活》于 2009 年 9 月 2 日更名为《消费主张》，节目定位范围扩大到所有关心经济的大众。作为一档关注消费、贴近百姓生活的电视生活服务类节目，《消费主张》用通俗易懂的形式提供专业的财经服务。节目以数据调查、深度分析、解读市场动向为核心，讲述与老百姓息息相关的消费问题，包括消费内幕、误区、陷阱、新型消费模式等。该节目设置了体验员这一角色，对消费者购买的产品进行亲身体验，以便“感同身受”，非常有特色。

（四）多样的表现形式

生活服务类电视节目没有引人入胜的矛盾冲突和性格鲜明的人物形象，为了避免节目枯燥乏味，必须进行拍摄手段上的艺术构思和包装方式上的形式升华。

在镜头呈现上，编导必须调动一切镜头表现形式，使景别具备变化性，让观众既能看懂，又觉得好看。在场地设置上，节目拍摄场地应不拘一格，演播室以外的空间也应被调动起来，避免单调感。在环节设置上，除了演播室里主持人和专家交流、讲述以外，生活服务类电视节目更需要的是为观众进行“演示”操作，这种“演示”不仅要有趣味性，还必须具备实用性。在后期包装上，生活服务类电视节目还要注重利用编辑包装对节目进行升华，将画面信息交代到位，吸引住观众的目光。除此之外，特效的运用、字幕 Logo 的提示点缀、色彩的搭配、音效的使用等，都能以别具一格的风格和独树一帜的美感带给观众赏心悦目的新感受。

（五）积极的观众参与

生活服务类电视节目是直接为观众提供实际生活方面的服务的，观众的参与度关系到其收视率和生命力。节目编导应当千方百计地调动观众的积极性，让他们尽可能地参与节目。节目设计观众参与环节，可以有效增加观众的黏性，提升节目的品牌知名度。比如，使用微博、微信等新媒体或邀请现场观众开展有奖活动等具体做法，都不妨一试。无论哪种做法，都重在加强节目反馈，增进同观众的联系，努力让观众成为节目的参与者，电视工作者也可以在同观众的互动中共享有效信息。

2006 年 6 月 1 日，大型民生新闻服务节目《生活帮》在山东电视生活频道开播，节目急百姓之所急、想百姓之所想，立足“帮”与“办”的特色，为百姓服务，直面百姓生活中的盲点、疑点和难点，获得了“中国电视民生新闻十佳栏目”称号。该节目常年设置微博互动环节，通过微博表达看法的观众将有机会获得奖品。微博这一新媒体平台的运用有效地让观众的参与权、知情权达到统一，不仅提高了观众的忠诚度，而且大大提升了节目的传播效果。

思考与研讨题

1.互联网时代，面对新媒体的冲击，生活服务类节目如何突出重围？

2.如何对美食真人秀节目进行本土化创新？

3.相亲节目在几年前兴盛一时，如今又渐渐衰落。原因何在？

4.如何利用新媒体增加观众对生活服务类电视节目的参与度？

第十章　法制类电视节目的编导

本章要点

1.法制类电视节目的概念及特点

2.如何做好法制类电视节目编导

法制类电视节目自20世纪80年代开始兴起,至今仍是重要的电视节目类型,并且伴随着社会的发展与法制建设,不断与时俱进。本章将以《今日说法》节目为例,讲述做好此类节目的编导技巧与理念。

第一节　什么是法制类电视节目

一、法制类电视节目的概念

法制类电视节目是指"以电视为载体,借助电视的传播、创作和表现手段,以宣传法律和为受众进行相关服务为主题,以法制与社会生活方方面面的密切联系为切入点的各种形态的节目"①。

目前,我国正处于社会转型时期,尚走在完善法制建设、贯彻依法治国的路上,因此普及法律知识、强化法制意识,乃至提供法律服务的窗口,都成为法制类电视节目肩负的历史使命。

① 游洁,郑蔚.电视法制节目新论[M].北京:中国广播电视出版社,2007:1.

二、法制类电视节目的发展

法制类电视节目兴起于20世纪80年代，发展历程大致可以分为三个阶段：1979—1992年为萌芽期；1993—1999年为发展期；2000年至今为繁荣期。

1979年，党的十一届三中全会以后，我国开始大规模开展法制建设，部分电视节目开始涉及法律相关题材。1980年，中央电视台创办的新闻评论类节目《观察与思考》就开设了法律版块；1985年11月，上海电视台《法律与道德》节目正式开播，这标志着中国第一个法制类电视节目的诞生。与此同时，中央电视台和多家地方电视台也开始了法制类电视节目的尝试。①

1992年邓小平"南方谈话"之后，改革进一步加快，法制建设的深入与电视媒体的进步共同推动法制类电视节目进入快速发展的轨道。1999年1月，最具影响力的法制类电视节目《今日说法》在中央电视台开播。同一时期，近150家地方电视台也纷纷开办了法制类电视节目。

21世纪以来，法制类电视节目的发展进入了繁荣期。这一时期，节目开始朝细分化、个性化的方向发展，不同法制节目的定位逐渐区别开来，形态也更加多样。2003年，中央电视台在三个频道开设了新的法制节目：财经频道推出《经济与法》，聚焦经济生活领域的法制建设问题；新闻频道推出《法治在线》，在法制节目的严肃性上增加了新闻的时效性；军事农业频道推出《法制编辑部》，关注农村、农民身边的法制案件。

2004年12月28日，中央电视台以"社会与法"频道取代了原来的"西部频道"，国家级电视媒体正式有了政法类的专业频道，这标志着法制类电视节目的发展达到了一个新的高峰，也反映出观众对法制节目的强烈需求。

三、法制类电视节目的类型

法制类电视节目类型多样，根据节目形态划分，大致可以分为以下六种类型：

（一）以案说法型

这类节目通常每期选择一个典型的法制案例，主持人结合少量演播室的解说

① 王仁忠.法制类电视节目的现状、问题与创新策略研究[J].浙江大学，2008.

或评论对案件进行较完整的讲述。这一类型法制节目的显著特点是将法律知识融入真实案例，案例报道和法制教育并进，对观众进行较为生动的普法教育。典型节目有中央电视台的《今日说法》和上海电视台的《案件聚焦》。

（二）庭审记录型

这类节目以展现案件的审理过程为主要内容，侧重庭审的现场感，让观众能与法庭“零距离”接触，从而满足普通人对庭审的好奇心。这类节目的重点是法庭审判的现场，有时还会加入案件的幕后调查，或者穿插法律专家、普通民众的意见和观点。典型节目有中央电视台的《庭审现场》、南京电视台的《法庭传真》和河南电视台的《走进法庭》。

（三）警事资讯型

这类节目通常与公安机关或执法部门合作，方便观众及时和充分地掌握警事资讯信息。节目特点是信息量大、时效性强，可以说，警事资讯类节目是法制节目和新闻节目的一种结合，有时甚至有记者在事件现场进行连线报道。这类节目的地域性和实用性很强，是警民之间的一座桥梁。典型节目有中央电视台的《法治在线》和北京电视台的《法治进行时》。

（四）深度调查型

这类节目侧重的是法律现象或事件背后的社会背景及原因，法律现象或案件通常只是节目的切入点。节目针对社会热点法制问题，通过节目编导的深入调查，分析问题背后的社会根源，进而揭示和理解更为深刻的社会问题。节目一般具有选题精良、调查深入、问题深刻与分析客观的特点，思辨性较强。典型节目有中央电视台的《社会经纬》和《新闻调查》。

（五）法律援助型

这类节目直接在节目中为观众提供法律援助，选题来源通常是电视台本身的法律咨询、法律热线等，节目编导在其中选取比较有价值或有意思的线索，通过节目的法律专家为当事人提供法律服务。节目特点是参与感强，直观展示法律的力量，同时也倡导协商与和解。近几年较为热门的法制调解类节目也可以归入这一类型。典型节目有江西电视台的《金牌调解》和中央电视台《生活》节目中的“法律帮助热线”。

（六）观众互动型

这类节目强调与观众的互动，有种让观众充当“侦探”的意味。节目会通过已发生的案件或者虚构的案件，进行案情再现或现场还原，设置悬念，引导观众进行推理和追踪。这类节目的特点是情节环环相扣，逻辑性强，整个节目就是一个解开谜团的过程，观众对于最终法律裁定的兴趣被调动起来。典型节目有重庆卫视的《拍案说法》和中央电视台《法治在线》的周末版《周末探案》。

随着广播电视事业的发展，法制类电视节目的形态也在发展变化，以上列举的仅是相对成熟与主流的节目形态类型。目前，有些法制类电视节目在类型上的区分并不完全清晰，出现了形态上的交融，不同的形态出现于一档节目之中。

在我国近40年的法制类电视节目发展史中，最为成功的有两个案例，分别是中央电视台的《今日说法》和北京电视台科教频道的《法制进行时》。

中央电视台的《今日说法》，开播于1999年1月2日，是我国法制类电视节目发展到高峰的产物。作为央视的第一档日播法制节目，《今日说法》以“点滴记录中国法治进程”为口号，以“重在普法，监督执法，促进立法、服务百姓”为宗旨，全力打造“中国人的法律午餐”。①

北京电视台科教频道的《法制进行时》，诞生于1999年12月27日，是北京电视台第一档法制日播节目，多年来一直位居北京地区收视率最高的电视节目行列。《法治进行时》新闻性强、节奏快、信息量大，以独特的新闻视角、第一时间的现场报道以及真实、鲜活的法治案例独树一帜。主持人徐滔在观众心目中也有极高的辨识度与公信力，她为节目提出的“政法新闻社会化、社会新闻政法化”的定位，使节目大获成功。2006年，《法治进行时》还开通了徐滔法律服务网和声讯热线，使群众咨询法律问题更方便了。

《今日说法》和《法治进行时》两档节目形态成熟而稳定，堪称中国法制类电视节目的“双璧”。

---

①　参考《今日说法》栏目官网，http://www.cntv.cn/lm/jinrishuofa/。

第二节　如何做好法制类电视节目

一、如何确定选题

法制类电视节目十分强调普法的社会功能，因此法制类节目的选题最好能够兼具社会意义与传播价值。法制事件本身的戏剧冲突往往能够为节目带来较强的故事性，可见节目选题尤为重要。具体来说，节目编导在确定选题时应当结合节目模式，确定选题事件，深挖选题角度。

对于法制类电视节目的编导来说，要最终确立一个选题，必须思考这个选题中最有悬念的地方在哪里，事件或案件可能是相同或相似的，但选题的视角和观点却是丰富多元的。正如《今日说法》前制片人钱蔚所言，“核心就是故事，你如何随着时代脉搏的跳动来开掘你新的卖点，这就是我们所说的选题策划的关键问题”。

在选题的选择范围上，目前国内的法制类电视节目已经进入选题范围扩大的调整期。通过总结《今日说法》2015 年上半年的选题我们可以发现，选题并不仅仅集中在刑事、民事等案件或法律纠纷上，如“校园平安课”关注的是学校中孩子们的各类游戏中存在的不安全因素，“青春期”专题则是结合具体事件来提醒家长关注青少年的心理成长与变化。类似的选题并不少见，可见《今日说法》的选题范围其实已经超越了法制节目的传统领域，目光投向的是更为广阔的社会话题。

《今日说法》并不是个例，当前法制类电视节目的选题日趋多样化。近年来，与风险防范、人身财产安全相关的事件经常引发大众的关注，因此除了法律问题，一些更为软性的社会热点也可以涉及，而很多社会热点也可以巧妙地从法律的角度进行切入和展开。

二、如何把握结构

编导在确立了节目选题之后，便要开始构思节目的整体叙事结构。无论什么形态的法制类电视节目，都需要“讲故事”，那么节目如何结构和叙事就显得尤为重要。法制类电视节目最关键的是把握叙事节点，进行段落式渐进叙事。

以《今日说法》2015 年 4 月 5 日播出的节目《只有十分钟》为例，这期节目关注的是2004年发生在新疆的一起暴力事件。这期节目的整体层次十分清晰:第一段落,案情简介,强调案发时间很短;第二段落,警方不断更改凶手的怀疑对象,案情逐渐深入,扑朔迷离;第三段落,重要新线索和转机出现,案件告破。这样的三段式叙事层层推进,很好地把握了叙事的节奏。段落之间采用演播室中主持人串场的方式来进行区隔,虽然简短,但却构成了有力的过渡。

事实上,对于这期节目来说,虽然案件本身的侦破就具有一定的戏剧性,但是充满设计感的结构叙事却是节目吸引人的关键。仔细分析,节目中出现的一些元素并不是完全按照时间线依次出现的,而是多处采用了穿插叙事的方法。例如,警方对死者丈夫的询问记录在节目中被完全打散,用在各处合适的节点上,并利用他的笔录不断推进叙事的进程,这是体现设计感的一个地方。

通过这期《今日说法》的案例,编导需要充分认识到,法制节目的确有其严肃性,但电视也十分强调叙事的戏剧性。在叙事中,编导应当尽可能挖掘案件本身潜藏的波折与起伏,并且通过重新排列组合,进行段落式叙事,适时地制造悬念和伏笔,这样才能够营造出一波三折、一咏三叹的故事发展结构。

三、如何采访拍摄

法制类电视节目中的人物涉及案件受害人、犯罪嫌疑人、警务人员等身份较为敏感的群体,因此对他们的采访拍摄要特别注意隐私的保护。出于新闻伦理的考虑,编导有时需要在公开其肖像和声音时加以特殊处理,常用的方法有模糊拍摄、马赛克和声音变调等。此外,不管对象是谁,编导都应该让摄像师在拍摄时采用平等视角,即摄像机和被摄对象之间基本保持平视,以保证镜头客观,避免媒介审判的嫌疑。

例如《今日说法》2015年2月6日的节目“寒假特别策划‘解读青春期’系列报道——少女遗书”中,在采访案件当事人的同学时,编导就采用了以花束为前景、以受访人为后景,前景实拍、后景虚化的拍摄方式,受访人的形象是十分模糊的,起到了保护和尊重受访人的客观作用。

那么,法制类电视节目在采访与拍摄时,有哪些具体步骤呢?事实上,我们所说的法制类电视节目的采访拍摄主要指的是节目前期的采访拍摄,因为节目中的演播室环节往往对拍摄没有特殊要求。前期的采访拍摄大致可以分为两个部分,第一是采访问题的设计，第二是在采访中发现故事并进行拍摄。

（一）采访问题的设计

对于法制类电视节目而言，采访起着举足轻重的作用。采访是对事实的搜集，但新闻事件的事实是分层面的。《今日说法》前制片人钱蔚谈道："第一是当事人事实，当事人怎么给记者说事实，当事人怎么告诉记者事实，这是当事人事实；第二是证据事实，证据展现事实是怎么样的事实，这个脚印有多大，暗示这个案犯有多高；第三是记者事实；第四才是客观事实。"不论是法制类电视节目，还是其他类型的电视节目，客观事实的层面在很多情况下都很难达到，而且也很难全面地呈现出来。因此，电视节目表达的其实经常是记者事实，也就是记者在采访过程中综合各方面的信息，对事实真相的一个判断。

在采访问题的设计方面，编导往往会陷入两个误区。一是在法制领域，电视的时效性是媒体中相对较差的，所以在确定做某一个法制类电视节目的选题之前，往往纸媒和网络已经报道过了，电视记者便容易直接拿来这些媒体的报道，采用和接受它们的事实，而丧失自己对目前已有事实的质疑精神，以及对事实进行再追问和深挖的好奇心与动力。因此，一名法制类电视节目的编导、记者在提出问题前应当自省：我对这个问题好奇吗？如果不好奇为什么还要提问？我都不好奇，观众能好奇吗？同时，编导、记者还要坚持对客观事实的追寻，即使是别的媒体已经报道过的事情，未必就不存在疑点，当事人的状态和事件的走向都有可能发生变化，如《新闻调查》中的很多经典报道都是在追问和质疑中得到的。如果仅仅是带着自己已经接纳的事实先入为主地去现场走一趟，那么这个采访就没有任何价值。二是在采访过程中，很多编导、记者对得到的信息是全盘接纳的，甚至直接把当事人事实当成客观事实。事实上，当事人的讲述未必完全真实，编导、记者要区分上述几个事实层面，结合多方面的信源和自己的判断，来决定接纳什么信息、放弃什么信息，进而努力找到事实真相。如果编导、记者偏听一面之词，并且直接当作事实告诉给观众，这不但是对媒体客观性和真实性的挑战，也容易使媒体丧失公信力。

（二）在采访中发现故事并进行拍摄

电视是重视叙事的，法制类电视节目尤为如此。因此，编导在去采访和拍摄的时候，应当对什么能构成故事元素及拍到哪些可以构成一个有力的故事这两个问题有所思考。

因此，在去采访拍摄时，编导事先要对事件有基本的了解，最好能够确定自己的核心人物和核心故事，如果到了现场情况有所变化，再根据实际情况进行调整。所以法制类电视节目的拍摄采访，并不是遇到什么就拍什么，需要编导有匠心独运的设计。比如，拍一个人，是中景、近景还是特写、大特写？如果是特写，我想要特写的部位是什么？以及我想通过这一个镜头或这一组镜头展现人物的什么方面？人物的着装、姿势，采访的环境、布景，其实都体现了人物的身份，也往往能暗示人物的性格。

思考与研讨题

1.法制节目如何避免媒介审判之嫌？

2.如何看待部分法制节目的娱乐化趋势？

3.国外的法制节目类型多样、形态丰富，我国能够借鉴哪种类型，又应当如何进行本土化改造？

4.法制类节目如何避免助长“犯罪模仿”？

5.新媒体的兴起，尤其是近两年移动互联网的崛起，对法制类电视节目可能会有什么影响？

延伸阅读

法制类电视节目编导应具备的基本素养

法律基础

法制类电视节目从选题到策划、采编都会涉及大量的法律内容，具有一定的法律基础对于成为一名好的法制类电视节目编导来说益处无穷。

人文情怀

法理也离不开人情。法制类电视节目的编导应具有人文关怀的情怀，这样才能融情于法，更好地驾驭节目中情感、法律的冲突和偏差。

媒介意识

法制类电视节目作为一种媒介产品，同样遵循传播规律。无论是什么节目，优秀的电视编导都应当对传播规律有基本的把握，并有意识地将其贯穿到节目的整个制作流程中去。

图书在版编目(CIP)数据

电视编导理论与实务/田维钢,马铨著.--北京:中国传媒大学出版社,2017.9(2022.11重印)
广播电视编导专业(电视编辑方向)"十二五"规划教材
ISBN 978-7-5657-2155-7

Ⅰ.①电… Ⅱ.①田… ②马… Ⅲ.①电视节目制作-高等学校-教材 Ⅳ.①G222.3

中国版本图书馆 CIP 数据核字(2017)第 222015 号

电视编导理论与实务
DIANSHI BIANDAO LILUN YU SHIWU

著　　者	田维钢　马　铨
责任编辑	蒋　倩
特约编辑	张　婧
装帧设计指导	吴学夫　杨　蕾　郭开鹤　吴　颖
设计总监	杨　蕾
装帧设计	刘鑫、杨瑜静等平面设计团队
责任印制	李志鹏

出版发行	中国传媒大学出版社		
社　　址	北京市朝阳区定福庄东街1号	**邮　　编**	100024
电　　话	010-65450532　65450528	**传　　真**	65779405
网　　址	http://cucp.cuc.edu.cn		
经　　销	全国新华书店		

印　　刷	唐山玺诚印务有限公司
开　　本	787mm×1092mm　1/16
印　　张	13
字　　数	211 千字
版　　次	2019 年 3 月第 1 版
印　　次	2022 年 11 月第 2 次印刷

书　　号	ISBN 978-7-5657-2155-7/G·2155	**定　　价**	48.00 元

致力专业核心教材建设　提升学科与学校影响力

中国传媒大学出版社陆续推出

我校15个专业"十二五"规划教材约160种

播音与主持艺术专业（10种）
广播电视编导专业（电视编辑方向）（11种）
广播电视编导专业（文艺编导方向）（10种）
广播电视新闻专业（11种）
广播电视工程专业（3种）
广告学专业（12种）
摄影专业（11种）
录音艺术专业（12种）
动画专业（10种）
数字媒体艺术专业（12种）
数字游戏设计专业（10种）
网络与新媒体专业（12种）
网络工程专业（11种）
信息安全专业（10种）
文化产业管理专业（10种）

本书更多相关资源可从中国传媒大学出版社网站下载
网址：http://cucp.cuc.edu.cn
责任编辑：蒋 倩　　　意见反馈及投稿邮箱：jiangqiancucp@163.com
联系电话：010-6577 9406